RUHRGEBIET

DUMONT

RUHRGEBIET

Ein Schnellkurs

Dirk Fleiter
studierte Theater-, Film- und Fernsehwissenschaften
an der Ruhr-Universität Bochum. Er lebt und arbeitet
seit vielen Jahren als freier Journalist im Ruhrgebiet.

Umschlagvorderseite:
Zeche Zollverein in Essen: Blick von der Rolltreppe,
die zum Besucherzentrum führt, auf den Förderturm;
© ullstein bild – imagebroker.net

Umschlagrückseite (von oben nach unten):
Das Wasserschloss Haus Bodelschwingh in Dortmund;
© Dirk Fleiter

Sonntägliches Fußballspiel bei Bochum
© Fotoarchiv Stiftung Ruhr Museum / Manfred Vollmer

Five Boats – neue Architektur im Duisburger Innenhafen;
© Dirk Fleiter

Frontispiz:
Bergmann bei Witten um 1925;
© Privatsammlung Hans-Ulrich Hake, Witten

Bibliografische Information der Deutschen Bibliothek
Die Deutsche Bibliothek verzeichnet diese Publikation in
der Deutschen Nationalbibliografie; detaillierte bibliografische
Daten sind im Internet über http://dnb.db.de abrufbar.

Originalausgabe
© 2009 DuMont Buchverlag, Köln
Alle Rechte vorbehalten
Redaktion und Lektorat: Anita Brockmann, Köln
Layout und Satz: Manuela Larrain Lagos, Köln
Druck: Rasch, Bramsche
Buchbinderische Verarbeitung: Bramscher Buchbinder Betriebe
Printed in Germany
ISBN 978-3-8321-9129-0

Wandelmotor Kultur

Leben in der Stadtlandschaft

Anhang

„Die Fahrt führt wie durch eine riesige Großstadt,
deren Bevölkerungszahl der von Paris,
deren Bodenfläche der Londons gleicht;
die Städte oder Dörfer sind nur Vorstädte einer City,
die es noch nicht gibt und vielleicht nie geben wird ..."
Heinrich Böll im Vorwort zu „Im Ruhrgebiet" 1958

Auch wenn sich seit dem Ende der 1950er-Jahre vieles verändert hat, spiegelt die Beschreibung Heinrich Bölls selbst nach einem halben Jahrhundert noch einen Teil der Realität, denn eine einzige Großstadt ist das Ruhrgebiet nach wie vor nicht. Ballungsraum Ruhrgebiet, Ruhrstadt, Kohlenpott, Revier, Metropolregion Ruhr, Metropole Ruhr oder einfach nur Ruhr – es gab und gibt viele Bezeichnungen, mit denen man versucht hat, das Gebiet zwischen den Flüssen Lippe, Rhein und Ruhr zu benennen. Die 53 Städte und Gemeinden und die damit einhergehenden komplexen Verwaltungsstrukturen unter einen Begriff zu fassen und zu organisieren ist allerdings auch deshalb schwierig, weil es kein eindeutiges Zentrum gibt; der Fluss Ruhr, der diesem Konglomerat aus dicht besiedelten städtischen Räumen, grünen hügeligen Naturlandschaften und weiten landwirtschaftlich geprägten Ebenen seinen Namen leiht, liegt heute an dessen südlichem Rand.

Die beispiellose wirtschaftliche Dynamik, die die Geschichte des Ruhrgebiets seit der Industrialisierung und das Leben seiner Bewohner geprägt hat, ist beeindruckend und war von entscheidender Bedeutung für die ökonomische Entwicklung des ganzen Landes. Entsprechend schwer wiegen die Lasten, die als Folge des Niedergangs der Montanindustrie zu tragen sind. Der Verlust 100.000er Arbeitsplätze zwang zur Neuausrichtung der Strukturen mit teilweise beeindruckenden Erfolgen. Die Konzentration auf die ökonomischen Probleme verstellt aber oft den Blick auf die zahlreichen Facetten einer jahrhundertealten Kulturlandschaft mit hohem Freizeitwert und einer enormen Dichte kultureller Einrichtungen, die das Ruhrgebiet zu einer vielfältigen und lebenswerten Region machen. Das selbstbewusste Auftreten als Metropole Ruhr und die gesteigerte Aufmerksamkeit durch den Titel »Kulturhauptstadt Europas 2010« kann den positiven Wandel weiter vorantreiben, und vielleicht wird aus den Städten und Gemeinden dann tatsächlich einmal eine einzige Großstadt, die innerhalb und außerhalb auch als solche wahrgenommen wird.

Dirk Fleiter

Die 53 Städte und Gemeinden im »Regionalverband Ruhr« (RVR) mit Einwohnerzahlen. Gesamteinwohnerzahl: 5.203.100 (Stand 31.12.2008, Quelle: Landesamt für Statistik und Datenverarbeitung Nordrhein-Westfalen)

Stadt/ Gemeinde	Einwohner		
Alpen	12.929	Fröndenberg	22.266
Bergkamen	51.328	Gelsenkirchen	262.063
Bochum	378.596	Gevelsberg	31.952
Bönen	18.717	Gladbeck	75.811
Bottrop	117.756	Hagen	192.177
Breckerfeld	9.319	Haltern am See	38.029
Castrop-Rauxel	76.277	Hamminkeln	27.780
Datteln	35.852	Hamm	182.459
Dinslaken	69.731	Hattingen	56.119
Dorsten	77.975	Herdecke	25.048
Dortmund	584.412	Herne	166.924
Duisburg	494.048	Herten	63.133
Ennepetal	31.111	Holzwickede	17.238
Essen	579.759	Hünxe	13.609

Stadt/ Gemeinde	Einwohner
Kamen	45.103
Kamp-Lintfort	39.919
Lünen	88.297
Marl	88.836
Moers	106.945
Mülheim an der Ruhr	168.288
Neukirchen-Vluyn	28.831
Oberhausen	215.670
Oer-Erkenschwick	30.594
Recklinghausen	120.059
Rheinberg	31.943
Schermbeck	13.714
Schwelm	29.248
Schwerte	48.797
Selm	27.247
Sonsbeck	8.588
Sprockhövel	25.546
Unna	67.342
Voerde	37.752
Waltrop	29.905
Werne	30.299
Wesel	61.203
Wetter	28.445
Witten	99.126
Xanten	21.531

Im »Dreistromland«

Das Ruhrgebiet umfasst eine Fläche von 4.435 qkm, was etwa 13 % der Gesamtfläche Nordrhein-Westfalens entspricht. Davon sind 37,6 % Siedlungs- und Verkehrsfläche, 17,6 % Wald und 3,2 % Wasserfläche sowie 40,6 % Landwirtschaftsfläche. Die größte Ausdehnung beträgt von Osten nach Westen 116 km und von Norden nach Süden 67 km. Hier leben rund 5,2 Millionen Menschen, darunter etwa 11 % Mitbürger ausländischer Staatsangehörigkeit. Die Besiedlungsdichte beträgt im Durchschnitt etwa 1.176 Einwohner pro qkm.

Das Gebiet zwischen den Flüssen Lippe, Rhein und Ruhr bildet dabei keine Einheit – weder landschaftlich noch sprachlich oder im Hinblick auf die Mentalität und auch nicht historisch-politisch. Es waren in erster Linie wirtschaftliche Interessen, die dem Ruhrgebiet zu seiner rasanten Entwicklung verhalfen. Kohlebergbau, Eisen- und Stahlindustrie haben die Region im Herzen Europas über ein Jahrhundert geprägt, förderten die Wirtschaft in Deutschland nachhaltig und ließen das Land zu einer wichtigen Exportnation aufsteigen. Heute spielen sie immer weniger eine Rolle und es ist eine Region entstanden, die geprägt ist von beständigem Wandel sowie durch ihre Vielfalt.

Natur- und Siedlungszonen

Das Ruhrgebiet liegt eingebettet zwischen großen Naturräumen: Im Norden sind es das Münsterland und die

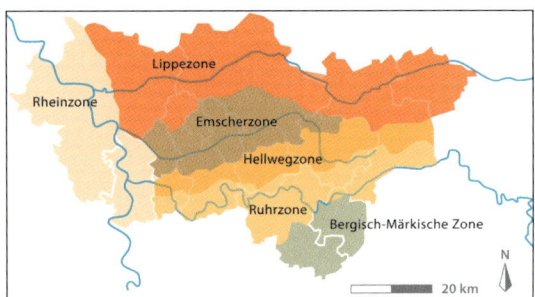

Zonale Gliederung des Ruhrgebiets

Westfälische Bucht, im Süden das Bergische und Märkische Land als Teile des Rheinischen Schiefergebirges, wo Kohle führende Schichten bis an die Oberfläche treten. Dazwischen erstreckt sich die Hellwegbörde, die ihren Namen dem mittelalterlichen Handelsweg verdankt und im Westen in die Niederrheinische Tiefebene übergeht. Im Osten setzen sich die fruchtbaren Lössböden der Bördelandschaften fort, auf denen schon früh Ackerbau betrieben wurde. Diese Naturräume haben die frühe wirtschaftliche Nutzung geprägt und damit die Besiedlung in der Zeit vor der Montanindustrie maßgeblich beeinflusst.

Die Ausdehnung der Industrie- und Siedlungsgebiete von Süden nach Norden war die Folge technischer Entwicklungen, die den Kohleabbau hier möglich machten, wo Kreideschichten, Sande und Mergel die immer tiefer liegenden, Kohle führenden Schichten überlagern. Mit gleichzeitiger Schaffung der nötigen Verkehrswege breiteten sich auch die anhängenden Industrien aus.

Die insgesamt 53 Kommunen des »Regionalverbandes Ruhr« (RVR) verteilen sich auf vier Kreise sowie elf kreisfreie Städte und können fünf verschiedenen Siedlungszonen grob zugeordnet werden. Von Nord nach Süd sind das die Lippezone, die Emscherzone, die Hellwegzone und die Ruhrzone mit der Bergisch-Märkischen Zone sowie die Rheinzone im Westen.

Die Lippezone umfasst die Gemeinden Hünxe, Teile von Hamminkeln und Schermbeck im Kreis Wesel, den

Die Lippe bei Hamm:
In zahllosen Windungen schlängelt sich der Fluss in Richtung Rhein.

Der Chemiepark Marl
bildet einen eigenen
Stadtteil.

Bottroper Norden sowie
Dorsten, Marl, Haltern, Oer-
Erkenschwick, Datteln und
Waltrop im Kreis Recklinghausen, außerdem Selm,
Lünen, Werne, Bergkamen,
Kamen, Bönen im Kreis Un-
na und die Stadt Hamm.
Die namengebende Lippe
schuf durch ihre zahlrei-
chen Flussmäander Auen in
eiszeitlichen Sanden. Hier entstanden im Laufe der Zeit
Flussterrassen und Auenlandschaften, die der Landwirtschaft bis heute gute Voraussetzungen bieten. Bis
auf Ausnahmen wie den Großchemie-Standort Marl-
Hüls ist der Raum nach wie vor überwiegend ländlich
geprägt. Obwohl der Kohlebergbau bis in diesen Raum
vorgedrungen war, konnte die Landschaft weitgehend
geschont werden, da die entwickelte Technik es erlaub-
te, die abgebaute Kohle und den Abraum an weiter
südlich gelegenen Standorten zutage zu fördern. So
konnten die großen Naherholungsräume, die Haard und
der Naturpark Hohe Mark, ihren Charakter wahren.
Sichtbare Zeugen der Montanindustrie findet man noch
am nordöstlichen Rand des Ruhrgebiets, etwa in Bergkamen und Hamm, der mit gut 180.000 Einwohnern
größten Stadt der Lippezone. Hier und in Marl befinden
sich auch die letzten noch aktiven Bergwerke im nördlichen Ruhrgebiet, deren Ende aber absehbar ist. In den
1980er-Jahren startete in Uentrop mit dem Kernkraft-
werk THTR-300 (Thorium-Hoch-Temperatur-Reaktor)
eine neue Ära der Energiegewinnung. Er ging 1985 ans
Netz, wurde jedoch bereits 1989 wieder stillgelegt.
    Die Lippezone geht im Süden in die Emscherzone
über. In ihr liegen von West nach Ost: Dinslaken, die
nördlichen Stadtteile von Duisburg, Oberhausen, der
Bottroper Süden, Gladbeck, Gelsenkirchen, Herten,
Herne, Castrop-Rauxel sowie der Dortmunder Norden.

Das Tal der Emscher wurde während der letzten Eiszeit durch Schmelzwasser ausgewaschen. Das geringe Gefälle des Flusslaufs bewirkte, dass sich kein tiefes Flussbett entwickeln konnte. Dadurch und durch den wasserstauenden Untergrund entstanden hier feuchte Bruchwälder und weiträumige Überschwemmungsgebiete. Noch immer findet man versumpfte Landschaften in der Emscherzone, wie etwa im Landschaftspark Hoheward im Kreis Recklinghausen. Bis zur Mitte des 19. Jh.s lebten noch Wildpferde in den Niederungen der Emscher. Die sogenannten »Emscherbrücher Dickköppe« waren für ihre Ausdauer und Zähigkeit bekannt. Für Ackerbau und Landwirtschaft eignete sich die Emscher-Bruchlandschaft kaum, da das Gewässer, das sich mit geringem Gefälle Richtung Westen schlängelte, regelmäßig über die Ufer trat. Die Umnutzung des Flusses als Abwasserkanal mit Beginn des 20. Jh.s sowie der Bau des parallel verlaufenden Rhein-Herne-Kanals schufen günstige Voraussetzungen für die rasante Ansiedlung von Industriebetrieben im großen Stil, in deren unmittelbarem Umfeld sich die Menschen ansiedelten. Der Nordwärtswanderung des Bergbaus folgend, dehnten sich die großen Städte am Hellweg durch Eingemeindungen in diese Richtung aus. Der Emscherraum hat am meisten unter den Folgen der Industrialisierung zu leiden: Der Boom und der spätere Niedergang der Kohle- und Stahlindustrie haben schwerwiegende soziale und ökologische Folgen.

Im Süden geht die Emscherzone in die Hellwegzone über. Zu ihr zählen Duisburg, Mülheim, Essen, Bochum, Dortmund und Unna. Die Gemeinden entlang des alten

Vest Recklinghausen
Vest Recklinghausen ist die Bezeichnung für den Gerichtsbezirk des mittelalterlichen Gogerichts in Recklinghausen. Das Gebiet entsprach ungefähr dem des heutigen Kreises Recklinghausen. Der Begriff findet noch häufig Anwendung, z.B. bei den »Vestischen Straßenbahnen«.

Der Wattenscheider Hellweg zwischen Bochum und Essen: Anhand der Straßennamen kann man vielerorts noch dem Verlauf des alten Handelswegs nachspüren.

Handelsweges vom Rhein in Richtung Osten bilden die dicht besiedelte Kernzone des Ruhrgebiets, in der rund die Hälfte der ca. 5,2 Millionen Einwohner lebt. Die Städte haben historisch gewachsene Stadtkerne, um die herum Gewerbe- und Wohnviertel entstanden. Vor der großen Zeit des Bergbaus lebten die Bewohner vor allem von Landwirtschaft und Handel. Erst das ungeordnete Wuchern von Arbeitersiedlungen rund um die Zechen, die riesigen Areale der Stahl verarbeitenden Industrie mit einer darauf ausgerichteten Infrastruktur führten zu der ungeordneten Siedlungsanordnung, die den polyzentrischen Stadtraum heute kennzeichnet. Die einzelnen Städte des Ruhrgebiets sind während der Industrialisierung unabhängig voneinander gewachsen. Teilweise verlaufen die Stadtgrenzen in der Kernzone des Ruhrgebiets quer durch dichte Besiedlung und oft sind sie durch eine lockere Vorortbebauung geprägt.

Die vier größten Städte sind Duisburg, Essen, Bochum und Dortmund. In dieser Reihenfolge liegen sie von West nach Ost innerhalb einer Entfernung von rund 60 Kilometern entlang des ehemaligen Hellwegs, der heutigen Autobahn A40 bzw. Bundesstraße B1. Sie sind heute die Oberzentren für die umliegenden Städte und Gemeinden. Im Mittelalter waren sie Mitglieder des Hansebundes (s. S. 33ff.), wobei besonders Dortmund durch seine Lage an der Kreuzung des Hellwegs mit einer Handelsroute von Köln nach Münster größere Bedeutung erlangte.

Durch Bevölkerungszuwachs und Eingemeindungen gewannen die Oberzentren im Laufe der Zeit an Macht und Einfluss – wenn auch in unterschiedlichem Maß. Dortmund und Essen sind heute mit jeweils über

580.000 Einwohnern die beiden größten Städte der Region. Essen blickt vor allem durch seine Funktion als klerikales Zentrum auf eine über elfhundertjährige Geschichte zurück, Duisburg (rund eine halbe Million Einwohner) profitiert schon früh von seiner gleichzeitigen Lage an Hellweg und Rhein, die die Ansiedlung von Industrie- und Hafenanlagen begünstigte, und auch die Stadtgeschichte Bochums (rund 380.000 Einwohner) reicht bis ins Mittelalter. Durch die angrenzenden Mittelzentren hat die Stadt heute einen schweren Stand im Kampf der Oberzentren um Aufmerksamkeit, Investitionen, Unternehmensansiedelungen und Steuerzahler. Um hierbei bestehen zu können, hat sich Bochum daher mit den Nachbarstädten Hattingen und Witten im Süden sowie Herne im Norden zum »Interessenverbund Region Mittleres Ruhrgebiet« zusammengeschlossen. Für Mülheim ist seine Lage an der Ruhr bis heute von Vorteil, denn sie ist die einzige der Großstädte mit Stadtzentrum am Fluss. Unna erlebte schon im 14. Jh. durch den Fernhandel über den Hellweg einen Aufschwung und ist heute Kreisstadt.

Im Süden des Ballungsraumes der Hellwegzone befindet sich die Ruhrzone. Zu ihr zählen die südlichen Stadtteile von Mülheim und Essen sowie Hattingen, Sprockhövel, Witten, Wetter und Herdecke im Ennepe-Ruhr-Kreis, der Norden von Hagen sowie Schwerte,

Hügellandschaft südlich der Ruhr

Holzwickede und Fröndenberg im Kreis Unna. In den
Hügeln beiderseits der Ruhr liegt die Wiege des industriellen Ruhrgebiets. In den nördlichen Ausläufern des
Rheinischen Schiefergebirges, dem Ardeygebirge sowie dem Niederbergisch-Märkischen Hügelland am
südlichen Ruhrufer blieb der ländliche Charakter der
Region aufgrund der Kleinräumigkeit der frühen Industrialisierung weitgehend erhalten. Noch im 18. Jh. lebten die meisten Bewohner in den Gemeinden an der
Ruhr von Ackerbau und Landwirtschaft. Die Kohle
wurde von den Kleinbauern zunächst meist »nebenbe-
ruflich« im Tagebau abgebaut und diente als Energie-
quelle für die Kleineisenindustrie im Bergischen Land,
wo z.B. Werkzeuge oder Schneideisen hergestellt wurden. Erst durch den Stollenbergbau, den Einsatz von
Fachleuten und die Gründung zahlreicher Kleinzechen
wurde der Bergmannsjob zum Hauptberuf. Mit ihrer
Schiffbarmachung (1774–1780) wurde die Ruhr bis zur
Errichtung der Ruhrtalbahn (1872–1876) zum wichtigsten Transportweg für die Kohle. Für die Gemeinden am
Fluss bedeutete das entscheidende Entwicklungsim-
pulse, sodass etwa Mülheim bis 1850 der Hauptaus-
fuhrplatz für Kohle und zeitweise die größte Stadt des
Ruhrgebiets war. Mit dem Rückzug des Bergbaus aus
diesem Raum und der Verlagerung des Kohletrans-
ports auf die Schienenstrecke entlang der nördlich
gelegenen, rentableren Abbaugebiete verloren die Gemeinden samt Fluss an Bedeutung für die Großindustrie. Bis heute sind Stahlindustrie und Maschinenbau
wichtige Wirtschaftszweige, aber der relativ saubere
Fluss und seine Stauseen dienen seither vor allem der
Trinkwasserversorgung, der Energiegewinnung sowie
dem Freizeitvergnügen. Güterverkehr findet nur noch
auf den letzten Flusskilometern ab Mülheim bis zum
Rhein statt. Zwar gab es auch in den Gemeinden an
der Ruhr sowie in den südlichen Teilen der Hellweg-
städte große Industrien wie z.B. das Hasper Hütten-
werk in Hagen oder die Hattinger Henrichshütte, die zu

Spitzenzeiten über 10.000 Menschen beschäftigte und ab 1987 nach und nach stillgelegt wurde, insgesamt sind die negativen Auswirkungen der Industrialisierung etwa durch Umweltbelastungen in der Ruhrzone aber geringer als in der Emscherzone. Bis heute ist das südliche Ruhrgebiet daher bevorzugtes Wohn- und Naherholungsgebiet, das auch von seiner Nähe zum Bergischen Land profitiert. Die südöstlich gelegenen Städte Schwelm, Gevelsberg, Ennepetal, Breckerfeld und große Teile von Hagen liegen bereits in der Bergisch-Märkischen Zone, die naturräumlich durch den Übergang zu den Höhenlagen des Sauerlandes und einen hohen Waldanteil geprägt ist. Die wirtschaftliche Entwicklung begann im südlichen Ruhrgebiet bereits mit der Ansiedlung von Klingenschmiedebetrieben und handbetriebener Hammerwerke im 17. Jh. Diese Tradition lebt noch heute weiter, z.B. in vielen modernen mittelständischen Betrieben aus den Bereichen Maschinenbau oder Schweißtechnik. So zählt der Ennepe-Ruhr-Kreis zu den am stärksten gewerblich-industriell geprägten Räumen NRWs.

Ebenfalls zum Ruhrgebiet zählen die in der Rheinzone gelegenen südlichen und westlichen Stadtteile Duisburgs sowie etwa die Hälfte des Kreises Wesel (Moers, Neukirchen-Vluyn, Kamp-Lintfort, Rheinberg, Voerde, Alpen, Sonsbeck, Wesel, der westliche Teil von Hamminkeln sowie Xanten). Landschaftsgeografisch ist dieser westliche Rand des Ruhrgebiets eindeutig dem Naturraum Niederrhein zuzuordnen, den Rhein und Eiszeit formten.

Ein prägendes Merkmal des Kreises sind seine großflächigen Naturlandschaften mit zahlreichen Schutzgebieten. Die Rheinauen und die Deichvorlande dienen als bedeutendes Überwinterungsgebiet für Zugvögel. Den Übergang von Hellweg- und Emscherzone bilden im Norden die Niederrheinischen Sandplatten und im Süden die Niederbergischen Sandterrassen. Die ausgedehnten Waldgebiete auf diesen Platten mit zahlrei-

chen Seen im Städtedreieck Duisburg, Mülheim und
Düsseldorf stellen heute ein beliebtes Naherholungsgebiet dar. Westlich dieser Sandgebiete liegt die bis zu
25 km breite Rheinebene. Da die Rheinauen immer
wieder von Überflutungen bedroht sind, siedelte sich
die Schwerindustrie auf den hochwasserfreien Terras-
sen an. Die vergleichsweise dünn besiedelten Flächen
werden überwiegend landwirtschaftlich genutzt. Einst
war die Tuchherstellung ein wichtiger Wirtschaftszweig, der Wesel zu einer der wichtigsten Hansestädte
des Binnenlandes machte. Heute bestimmen zahlreiche mittelständische Betriebe aus den Bereichen
Chemie, Maschinenbau und Metallverarbeitung das
Wirtschaftsleben, und in Rheinberg wird in dem größten Salzbergwerk seiner Art in Europa seit 1924 das
»weiße Gold« aus der Tiefe gefördert. Die hier lebenden Menschen betrachten sich als Rheinländer und
weniger als Bewohner des Ruhrgebiets. Dennoch hat
die Bergbaugeschichte auch hier ihre Spuren hinterlassen, und das Bergwerk West in Kamp-Lintfort ist eines
der letzten noch aktiven Bergwerke im Ruhrgebiet.
Doch auch dessen Stilllegung ist bereits geplant.

Flüsse

Auf rund 500 km ziehen sich Flüsse und Kanäle durch
das Ruhrgebiet, von denen über die Hälfte schiffbar

Der Deilbach
Dem Deilbach kommt eine besondere Rolle zu. Von seiner Quelle im Bergischen Land bei Wuppertal bis zu seiner Mündung in
die Ruhr beim Essener Baldeneysee bildet er bereits im frühen
Mittelalter eine Trennlinie zwischen Franken und Sachsen, spä-
ter zwischen den Grafschaften Berg und Mark sowie bis heute
über weite Teile zwischen den ehemaligen preußischen Provin-
zen Rheinland und Westfalen. Darüber hinaus steht er in der
Sprachwissenschaft für eine Sprachgrenze, die Deilbach-Issel-
Linie (Einheitspluralline), die als Teil der Benrather Linie das
Niederfränkische (Niederrheinische) vom Niedersächsischen
(Westfälischen) scheidet.

ist. Die wichtigsten Flüsse sind Ruhr, Lippe und Emscher, die von Osten nach Westen fließen und die Region gliedern. Sie alle werden von weiteren kleineren Bächen und Flüssen wie der Ahse, der Lenne, der Seseke oder der Volme gespeist, bevor sie in den Rhein münden, der das Ruhrgebiet an seinem westlichen Rand von Süden nach Norden durchfließt. Verkehrstechnisch ist er als Verbindung zur Nordsee das bedeutendste Gewässer.

Die im Süden fließende Ruhr ist die Namensgeberin der Region, ihre Quelle liegt nahe dem sauerländischen Winterberg, und nach windungsreichem Verlauf mündet sie rund 220 km weiter westlich bei Duisburg-Ruhrort in den Rhein.

Nachdem sie ihre Funktion als wichtiger Verkehrsweg im 19. Jh. weitgehend verloren hat, dient die Ruhr heute vor allem als größter Lieferant des Trink- und Brauchwassers für die Bevölkerung und die Industrie des Ruhrgebiets. Für Qualität und Menge des Wassers ist der 1913 gegründete Ruhrverband zuständig. Daneben ist das idyllische Ruhrtal beliebter Naherholungsraum u.a. für Wassersportler, und der neue Ruhrtalradweg wurde als Radroute des Jahres 2007 in NRW ausgezeichnet.

Im Norden der Region fließt die Lippe. Sie entspringt im Teutoburger Wald bei Bad Lippspringe und mäandert 228 km bis zur Mündung in den Rhein bei Wesel. Die Römer nutzten den Fluss noch als Transportweg bei ihrem Vordringen in die Gebiete östlich des Rheins. Heute hat die Lippe insbesondere als Brauch- und Kühlwasserlieferant für die chemische Industrie und die Kraftwerke eine große Bedeutung, versorgt aber auch das Kanalnetz des Ruhrgebiets mit Wasser. Da Grubenwasser in den Fluss geleitet wird, ist der natürliche Salzgehalt erhöht und eine Trinkwasserversorgung aus der Lippe nicht möglich.

Im Zentrum des Ruhrgebiets verläuft die Emscher. Sie entspringt zwischen Dortmund und Unna in Holzwickede. Vor ihrer Degradierung zur Kloake der Region

Der Halterner Stausee liegt im Naturpark Hohe Mark und dient der Trinkwassergewinnung für das nördliche Ruhrgebiet.

hatte sie eine Länge von 109 km. Bis 1913 wurde die Emscher zwischen Dortmund und Duisburg begradigt und eingedeicht, sodass sich der ehemalige Flusslauf auf rund 83 km bis zur heutigen Mündung in den Rhein bei Dinslaken verkürzte. Seit den 1920er-Jahren übernahmen das Gewässer und seine Nebenläufe die Funktion eines offenen Abwasserkanals. Im Rahmen der »Internationalen Bauausstellung Emscher Park« (IBA, 1989–1999; s. S. 118ff.) wurde damit begonnen, die Emscher und ihre Nebenbäche ökologisch umzubauen, ihr Flussbett wieder naturnah zu gestalten und das Abwasser in unterirdische Rohrsysteme zu leiten. Vier moderne Kläranlagen in Dortmund, Bottrop, Duisburg und Dinslaken helfen, die Wasserqualität zu verbessern.

Seen

Als vom Menschen stark überformter Naturraum bietet die vielfältige Seenlandschaft des Ruhrgebiets nur wenige natürliche Gewässer. Die meisten der rund 20 Seen sind durch Aufstauung oder in ehemaligen Kies- und Sandgruben entstanden. So wird beispielsweise auch die Ruhr zu fünf Seen aufgestaut: Hengsteysee, Harkortsee, Kemnader Stausee, Baldeneysee und Kettwiger Stausee. Die Seitentäler der Ruhr in der Bergisch-Märkischen Zone beherbergen vier Talsperren (Ennepetalsperre, Hasper Talsperre, Heilenbecker Talsperre und Glörtalsperre) zur Trinkwasserversorgung und zur Freizeitgestaltung. Im nördlichen Ruhrgebiet liegt das größte Strandbad der Region am Halterner Stausee. Nur wenige Kilometer entfernt von der Duisburger Innenstadt befindet sich die Sechs-Seen-Platte,

Industrie und Natur – das klingt zunächst nach einem Widerspruch, und tatsächlich hat die industrielle Nutzung den Böden schwer zugesetzt. Mit ihren erhöhten Konzentrationen von Schwermetallen oder Salzen und starken Verdichtungen ähneln sie den nährstoffarmen und trockenen Böden in Wüsten- und Steppenregionen. Diese Bedingungen sind für viele einheimische Arten problematisch, bilden aber Chancen für die Erstbesiedelung durch gebietsfremde Pioniere. Mit dem Verschwinden von Zechen, Kokereien und Stahlwerken hat sich die Natur den Raum schrittweise zurückerobert und bietet nun zahlreichen einheimischen sowie exotischen, extrem anpassungsfähigen Tieren und Pflanzen eine Lebensgrundlage. Viele der teilweise seltenen Pflanzenarten sind per Eisenbahn und Schiff von anderen Erdteilen eingewandert und bilden mit der heimischen Flora und Fauna eine multikulturelle Gemeinschaft.

Die mehrjährige Besiedelung der Industriebrachen beginnt mit Blütenpflanzen wie der Nachtkerze,

Die Natur erobert die Industrielandschaft.

dem Steinklee und verschiedenen Moos- und Flechtenarten. Häufige Kräuter sind das schmalblättrige Greiskraut oder Gänsefuß. Gräser werden nach und nach von Gehölzen verdrängt. Sukzessiv breiten sich Sommerflieder, Weißdorn und Staudenknöterich aus. Zu den anspruchslosen Pionierbaumarten zählen die Hänge-Birke, die Sal-Weide und die Zitter-Pappel. Nach und nach folgen Waldbaumarten wie der Berg-Ahorn, die Vogel-Kirsche und verschiedene Weidenarten. Insgesamt ist der Gehölzreichtum der Industriewälder größer als der natürlicher Wälder, weil durch viele neue ökologische Nischen ein hohes Evolutionspotenzial besteht.

Der Reiz der neuen Landschaften liegt in der ungewöhnlichen Kombination von wild wuchernder Natur und Industrierelikten wie den Ruinen alter Zechengebäude, stillgelegten Gleisanlagen oder Bergsenkungsgewässern. Man findet Wildrosen und Schlehen, aber auch Tiere und Insekten wie Fledermäuse, Kreuzkröten, Libellen und Schmetterlinge.

Die neu entstandene Industrienatur dient heute als Naherholungs- und Lernraum für Besucher aus den verdichteten Städten, die hier in unmittelbarer Nähe »wilde Natur« erleben können, denn im Vergleich etwa zu Stadtparks sind diese Landschaften durch eine besonders hohe Artendichte gekennzeichnet.

So etwa sah es in den Sumpfwäldern des Karbonzeitalters aus.

die ihre Existenz dem Abbau von Kies und Sand durch die Bauindustrie verdankt, und bei Selm im Kreis Unna findet man den Ternscher See, der bei der Lehmgewinnung für den Bau des nahen Dortmund-Ems-Kanals entstand. Im zentralen Ruhrgebiet werden seit einigen Jahren die durch den Kohleabbau entstandenen Bergsenkungen genutzt, um neue Wasserlandschaften, Biotope und Erholungsgebiete mit neuen Wohnqualitäten entstehen zu lassen.

Wald

Zwar ist das Ruhrgebiet eine industriell stark erschlossene Region, doch im Vergleich zu anderen europäischen Industrieregionen besitzt es einen relativ hohen Waldanteil von rund 18 %, was einer Größe von rund 78.000 ha entspricht. Man findet Laubwald (28.000 ha), Nadelwald (21.000 ha) sowie Mischwald (15.000 ha) und eine zunehmende Zahl von Aufforstungsflächen (14.000 ha). Zum Bild des grünen Ruhrgebiets tragen sowohl die großflächigen Parkanlagen sowie die Rekultivierung von Bergehalden und Brachflächen in den zentralen Ballungsgebieten als auch die landwirtschaftlich geprägten Flächen in den weniger dicht besiedelten Randzonen bei. So prägt die Industrialisierung mit ihren Folgen bis heute die Oberflächengestalt des Ruhrgebiets.

Am Anfang war die Kohle – Geologie

Ohne die Kohle gäbe es das Ruhrgebiet nicht. Der Entdeckung des Rohstoffs in den Hügeln an der Ruhr war die entscheidende Voraussetzung für die Bildung des industriellen Ballungsraums. Die Ursprünge dieser Entwicklung liegen im Erdaltertum, als vor über 350 Millionen Jahren die Grundlagen für die Entstehung der Steinkohle geschaffen wurden. Im Zeitalter des Karbon eroberten die Pflanzen die Küstengebiete jener großen Landmasse, aus der später Amerika und Europa entstanden. Das heutige Ruhrgebiet war damals Teil eines Tieflands, in dem zeitgleich die Kohlenlagerstätten des heutigen Oberschlesien, des Ruhrgebiets, Belgiens, Nordfrankreichs sowie der USA entstanden. Zunächst war dieses Gebiet komplett vom Meer überflutet, aber mit der Zeit lagerten die Flüsse hier immer mehr Abtragungsschutt des anliegenden Festlandes ab, bis große Bereiche trocken lagen und ausgedehnte Waldsümpfe entstanden. Da die tropischen Karbonwälder nur knapp über dem Grundwasserspiegel lagen und von zahlreichen Seen, Tümpeln und Wasserläufen durchzogen wurden, kam es immer wieder zu zwischenzeitlichen Überflutungen. Die unter der Wasseroberfläche liegenden Pflanzenteile wurden dabei vom Luftsauerstoff isoliert und somit vor Zersetzung durch aerobe Bakterien geschützt: Einfacher Torf entstand. Bei stärkeren Absenkungen des Untergrundes wurden wiederum große Gebiete durch die Flüsse mit Ablagerungsschutt überschwemmt, sodass der Boden nach und nach wieder landfest wurde und sich erneut Sumpfwälder ausbreiten konnten. Dieser Prozess, der sich im Karbon mindestens 350-mal wiederholte, führte schließlich dazu, dass sich in den tieferen Sedimentschichten durch den Druck der oberen Schichten der Torf erst zu Braunkohle und schließlich zu Steinkohle verwandelte. Weil diese Ablagerungen in regelmäßigen Abständen durch andere Sedimente wie Tone, Sand und Sandsteine abgedeckt wurden, konnten im Gebiet an der Ruhr über 100

Ein Kohleflöz in den Hügeln an der Ruhr bei Witten

Schichten solcher horizontaler Ablagerstätten
(»Flöze«) entstehen.

Gegen Ende des Karbons wurden vor allem im südlichen Ruhrgebiet die Gesteins- und Kohleschichten zu Gebirgen aufgefaltet, da die Schichten dort stärker angehoben wurden als weiter im Norden. Erosionsprozesse an der Oberfläche dieser neuen Gebirge führten schließlich zur Abtragung jüngerer und somit zur Freilegung älterer, kohleführender Schichten, sodass die Flöze in den Bergen an der Ruhr dicht unter dem Erdboden liegen.

Das Ruhrtal hat sich hier über 100 Meter tief in dieses durch Auffaltungen und anschließende lange Abtragungsprozesse geschaffene Mittelgebirge hineinerodiert. Wegen der im Norden kaum stattgefundenen Auffaltung werden die älteren Schichten hier zunehmend noch von den jüngeren Schichten überlagert. Die flözführenden Schichten senken sich immer tiefer unter die Erdoberfläche. Druck und Temperaturen steigen in der Tiefe und haben entscheidenden Einfluss auf die Qualitäts- und Nutzungsvarianten der Kohle. Deshalb ist weiter nördlich in immer größerer Tiefe immer wertvollere Kohle zu erschließen. Im südlichen Münsterland muss bereits aus Tiefen von mehr als 1.000 Metern gefördert werden. Um dies zu ermöglichen, mussten jedoch immer wieder neue Technologien entwickelt werden. Der Erschließungsprozess der Kohle beeinflusst zum Teil noch heute die Entwicklung des Ruhrgebiets. Dies betrifft die von der Montanindustrie abhängigen Branchen ebenso wie die Wirtschafts-, Siedlungs-, Bevölkerungs- und Verkehrsstrukturen, die sich mit der Nordwärtswanderung des Steinkohlebergbaus grundlegend veränderten. 2018 stellen Bund und Land ihre Subventionen für den Bergbau jedoch ein, die traditionsreiche Ära des Kohlebergbaus im Ruhrgebiet neigt sich damit dem Ende zu.

Die Entdeckung der Kohle und der frühe Ruhrbergbau

Es war einmal ein kleiner Junge, der in der Nähe der Ruhr Schweine hütete. Abends entzündete er ein Feuer auf dem freien Feld. Als es am nächsten Morgen hell wurde, war das Holz längst verbrannt, aber das Feuer glühte immer noch. Die Erde kokelte und qualmte und die ganze Wiese brannte. Die herbeigerufenen Eltern trauten ihren Augen nicht, ihr Sohn hatte die Steinkohle entdeckt. Fortan heizten sie ihren Ofen damit. Das »schwarze Wunder« sprach sich schnell herum ...

Diese weitverbreitete Geschichte, die sich irgendwo in den Hügeln südlich der Ruhr zugetragen haben soll, gilt als Ursprung des Ruhrbergbaus. Die Kohleförderung lässt sich bis ins frühe Mittelalter zurückverfolgen. Der älteste schriftliche Beleg ist aus Dortmund überliefert, wo 1296 der Sohn eines Kohlegräbers aus dem benachbarten Schüren als städtischer Bürger aufgenommen wurde. Mitte des 16. Jh.s wird erstmals der Bergbau bei Sprockhövel sowie bei Wetter urkundlich erwähnt, und die erste Bergbaugenossenschaft bildete sich in Bredeney (heute Essen). Die erste Form des Abbaus erfolgte direkt an der Oberfläche, wobei die Kohle in flachen Gruben, den Pingen, ergraben wurde, denn oftmals war sie lediglich von einer dünnen Erdschicht bedeckt. Im 15. Jh. erreichten die ersten senkrechten Schächte (Pütts) eine Tiefe von mehreren Metern, und im 16. Jh. begann man dann, waagerechte oder leicht geneigte Stollen in die Berghänge zu treiben. Bei diesem Stollenbergbau mussten in regelmäßigen Abständen auch Schächte zur Erdoberfläche angelegt werden, um die Frischluftzufuhr zu gewährleisten, und das Grubenwasser aus den Förderstollen wurde durch tiefer liegende, sogenannte Erbstollen abgeleitet. Der Bedarf an Steinkohle blieb jedoch bis ins 17. Jh. auf die lokale Versorgung für den privaten und kleingewerblichen Verbrauch beschränkt. Hauptabnehmer waren Dorfschmiede, die die Kohle aufgrund ihres guten Brennwertes zur Herstellung von Hufeisen, Nägeln usw. einsetzten. In dieser vorindustriellen Zeit war Bergbau meist Saisonarbeit von Bauern in den Wintermonaten, wenn die Feldarbeit ruhte. Im Sommer kümmerten sie sich um ihre bescheidene Landwirtschaft. Im 16. Jh. gewann der Kohlebergbau an der Ruhr allmählich an wirtschaftlicher Bedeutung und aus der unkontrollierten Kohlengräberei entwickelter sich ein geregelter Abbau. Den Anstoß dazu gab das wachsende Interesse des preußischen Staates, der sich durch den wachsenden Bedarf eine potenzielle und langfristige Einnahmequelle sichern und dem Raubbau ein Ende setzen wollte. Eine Bergordnung von 1737 machte umfangreiche Vorschriften: Eröffnung und Schließung

Die Entdeckung der Kohle und der frühe Ruhrbergbau

Querschnitt durch ein Kohlenbergwerk

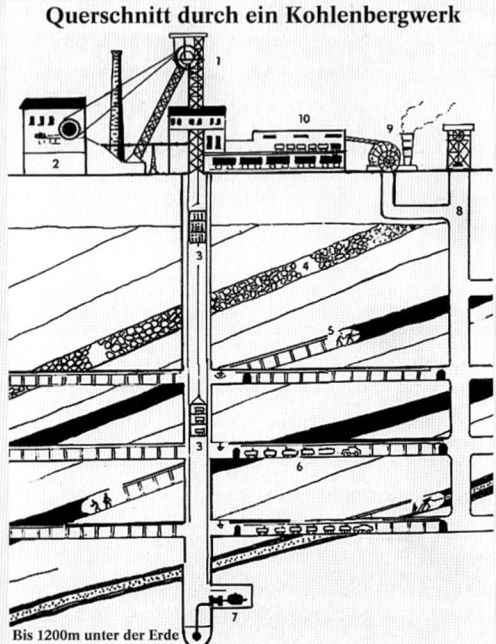

Bis 1200m unter der Erde

Ein Meilenstein im Kohlebergbau war die Möglichkeit der Kohleförderung aus größeren Tiefen durch technische Innovationen ab den 1830er-Jahren. Sie führte zur Nordwärtswanderung des Bergbaus und war Grundlage für den modernen Schacht-Tiefbau (s. Abb.) und den Abbau großer Mengen hochwertiger Steinkohle, die sich auch zur Stahlproduktion eignete.

1. Fördergerüst, 2. Maschinenhaus, 3. Förderkorb, 4. Mit Steinen verfülltes, abgebautes Kohlenflötz, 5. Hauer im Flöz, 6. Gefüllte Wagen, 7. Pumpenanlage, 8. Entlüftungsschacht, 9. Entlüftungsanlage, 10. Hängebank.

wurde 1738 das Märkische Bergamt in Bochum eröffnet, das bereits über 100 Zechen kontrollierte. Diese Neuordnung führte zu beachtlichen Erfolgen und bis 1806 vervierfachte sich die Kohleproduktion. Trotz zahlreicher Privilegien der Bergleute wie die Befreiung vom Militärdienst, festgelegte staatliche Löhne oder deren Fortzahlung im Krankheitsfall blieb ihre Arbeit körperlich hart und gefährlich. Mit Keilhaue und Hacke schlugen Hauer bei schlechter Belüftung und wenig Licht die Kohle los; Schlepper beförderten sie auf Schlitten- oder Schlepptrögen, Schubkarren und später auf Schienenwagen zutage. Überirdisch führte man um 1787 vereinzelt schienengebundene Transporte ein, doch bis weit ins 19. Jh. bewerkstelligten Menschen (häufig auch Kinder) und Pferde die Förderung der Kohle durch die engen Stollen und Schächte, lediglich unterstützt durch einfache Seilwinden und Göpel.

Zu den Verbrauchern gelangte die geförderte Kohle zunächst mühselig

von Bergwerken mussten staatlich genehmigt werden, zur besseren Ausbeutung der Flöze war nur noch Stollenbau erlaubt, die Betriebsführung der Zechen ging in die Hände staatlicher Beamter über. Zur verwaltungstechnischen Durchführung dieses staatlichen Direktionsprinzips

in Säcken auf den Rücken von Pferden oder Maultieren über meist miserable Wege. Sie diente als Hausbrand, heizte die Schmiedefeuer im Bergischen Land oder die Sudpfannen der Saline Königsborn bei Unna. Überregionale Absatzmärkte, etwa im Rheinland, wurden erst im Laufe des 18. Jh.s über den Transportweg Ruhr erschlossen. Am Flussufer wurden zahlreiche Kohlemagazine angelegt, die als Zwischenlager dienten, und um 1860 erreichte die Ruhrschifffahrt mit einer Transportleistung von weit über 800.000 Tonnen Steinkohle ihren Höhepunkt. Mit der Errichtung der Ruhrtalbahn (1872 bis 1876) und der Nordwanderung des Bergbaus verlor die Ruhrschifffahrt schnell ihre Bedeutung, und bereits 1889 passierte das letzte Kohlenschiff die Schleuse in Mülheim. Mit den zahlreichen technischen Neuerungen der industriellen Revolution wie der Dampfmaschine, dem Siegeszug der Eisenbahn, der Einführung von Presslufthämmern oder Schrämmmaschinen usw. veränderten sich der Bergbau und alles, was damit zusammenhängt, rasant und umfassend. Vor allem die Aufhebung des Direktionsprinzips durch das »Allgemeine Berggesetz« von 1865 bedeutete eine entscheidende Veränderung. Während dem Bergamt nur das polizeiliche Aufsichtsrecht verblieb, ging die Leitung der Zechen gänzlich in die Hände der Bergwerksgesellschaften über – mit allen Konsequenzen für Lohnhöhe, Arbeitszeiten, Arbeitsverträge, Preise und Produktionsmengen. Arbeitgeber waren nun nicht mehr der preußische Staat, sondern privatwirtschaftliche Unternehmer, und die Bergleute wurden zu Bergarbeitern.

Mehr als Kohle

Kohle wird überwiegend als fester Brennstoff benutzt, um Wärme durch Verbrennung zu erzeugen, doch lassen sich aus ihr noch zahlreiche weitere Stoffe gewinnen, was die Chemieindustrie im Ruhrgebiet zu einem bedeutenden Wirtschaftszweig werden ließ. So war es etwa in den Weltkriegen von großer Bedeutung, die heimische Steinkohle als Grundstoff zur Gewinnung von Schmier- und Treibstoffen nutzen zu können. Eine Grundlage dafür bildete die Herstellung von Benzol. Bereits 1898 wurde aus 13 Bergbauunternehmen die Westdeutsche Benzol-Verkaufsvereinigung in Bochum gegründet, aus der später die ARAL AG hervorgehen sollte; deren Markenname setzt sich aus den Anfangsbuchstaben der chemischen Gruppen der ARomate und der ALiphate zusammen, zu denen Benzol und Benzin gehören. Aus dem Gemisch dieser Stoffe entwickelt der Chemiker Walter Ostwald 1924 den ersten Super-Kraftstoff für Verbrennungsmotoren, »B.V.-Aral«, der 1952 erstmals im Firmennamen auftaucht und mit dem Ausbau des Tankstellennetzes einen hohen Bekanntheitsgrad als Marke erreicht. ARAL ist seit 2002 Teil der Deutsche BP AG. Durch die Bochumer Stadtfarben Blau und Weiß im Corporate Design sowie den Sitz des Unternehmens ist ARAL noch heute mit der Ruhrgebietsstadt verbunden.

Von Bauern zu Arbeitern – das Ruhrgebiet im Wandel der Zeit

Vieler Herren Land – die Besiedlungsgeschichte

Auch wenn es vor allem die letzten rund 160 Jahre sind, in denen das Ruhrgebiet zu dem geworden ist, was es heute ist, blickt es bereits auf eine jahrtausendelange Geschichte zurück. Das älteste Zeugnis menschlicher Aktivität wurde im heutigen Essener Stadtteil Vogelheim gefunden. Das Alter einer Klinge aus Feuerstein, der sogenannten Vogelheimer Klinge, wird auf über 250.000 Jahre geschätzt. Bedeutende Hinweise auf eine Besiedelung des Landes an der Ruhr datieren jedoch erst aus der Phase um die Zeitenwende.

Römer und Germanen

Das waldreiche Gebiet zwischen Ruhr und Lippe war zu Christi Geburt von Germanenstämmen wie den Brukterern, den Sugambrern oder den Cheruskern besiedelt. Die Römer versuchten, von ihren Lagern am Rhein in Xanten und Moers-Asberg in dieses Gebiet vorzudringen, um Germanien zu erobern und ihre Kultur zu verbreiten. Da es keine Straßen gab, nutzten sie vor allem die Lippe als Transportweg für Waren und Güter aus der Heimat, die ihnen das Leben in den dunklen Wäldern Germaniens erträglich machen sollten. Die ersten Angriffe gegen die Sugambrer wurden im Jahr 12 v. Chr. geführt. Im folgenden Jahr gelang es den Römern, ein Bollwerk am Zusammenfluss von Lippe und Seseke zu errichten und die Sugambrer in die Nähe von Xanten umzusiedeln. Das Lippetal befand sich somit in römischer Hand. Um 8 v. Chr. gründeten die Römer unter Kaiser Tiberius ein Militärlager bei Haltern, das zur Hauptstadt der neuen Provinz wurde. Der Versuch der Römer, im Gebiet der Germanen eine römische Zivilverwaltung aufzubauen, wurde jedoch durch die sogenannte Varusschlacht, benannt nach dem unterlegenen römischen Feldherren, ver-

Überreste römischer Kultur im archäologischen Park Xanten

hindert. Der Cherusker Arminius hatte seine militärische Ausbildung bei den Römern erfahren und kannte die Schwächen der römischen Streitkräfte in den Wäldern Germaniens. Unter seiner Führung konnte das römische Heer des Varus im Jahr 9 geschlagen werden. Die verlorene Schlacht, die nach neuesten Erkenntnissen im Osnabrücker Land bei Kalkriese stattgefunden haben soll, zwang die Römer zum Rückzug auf die linke Rheinseite. Es folgten rund 200 Jahre militärisch gesicherter Koexistenz, bis im 3. Jh. germanische Plünderungszüge über den Rhein begannen, als das Römische Reich weiträumig und durch bürgerkriegsähnliche Zustände innerlich schwer erschüttert wurde. Andererseits standen zahlreiche Angehörige germanischer Stämme im Dienst der römischen Streitkräfte. Es gab regen kulturellen Austausch und Handel zwischen dem Römischen Reich und den Germanen, wobei vor allem die Germanen von den zivilisatorischen Errungenschaften der römischen Kultur profitierten. Im Laufe des 3. Jh.s bildeten sich neue germanische Großstammesverbände wie die der Sachsen, Franken und Alemannen. Vom Ruhrland aus dehnten die Brukterer ihr Siedlungsgebiet zwischen Lippe und Ruhr über das Sieger- und Bergische Land bis an den Rhein um die Mündungen von Wupper und Sieg aus. Um die Mitte des 4. Jh.s wurde den salischen Franken, die sich mit verschiedenen germanischen Stämmen zum Stammesbund der Franken zusammenschlossen, Siedlungsgebiet auf römischem Territorium am Niederrhein zugestanden. In spätrömischer Zeit wurden sie in großer Zahl in das römische Heer aufgenommen und profitierten von der Teilhabe am prestigeträchtigen sozialen Aufstieg innerhalb der römischen Armee. Ihre Kenntnis römischer Kampfweise und -taktik ermöglichte den Franken, sich am Ende des Römischen Reiches (Mitte des 5. Jh.s) gegen andere germanische Stämme durchzusetzen und weite Teile Frankreichs und Deutschlands unter ihre Kontrolle zu bringen. Ihre östlichen Nachbarn waren die Sachsen, gebildet aus dem Bund der Westfalen, Ostfalen, Engern und Nordelbier.

Sachsen und Franken

Bis etwa 700 drangen die Sachsen in das Gebiet zwischen Ruhr und Lippe vor. Durch den Bau von Burgen wie die Hohensyburg (Sigiburg) am Nordufer der Ruhr konnten sie zunächst das eroberte Land sichern. Ihren Versuch, den Rhein zu überschreiten, schlugen die Franken jedoch zurück, und der christliche König Karl der Große begann ab 772 seine Feldzüge gegen die heidnischen Sachsen. Das heutige Ruhrgebiet war in dieser Zeit Grenzland zwischen Franken und Sachsen. Um 800 ließ der Frankenkönig den Hellweg zur militärischen Nachschubstraße mit Befestigungen und Königshöfen in regelmäßigen Abständen von rund 20 km ausbauen, um die Verpflegung des Heeres zu gewährleisten. Die sogenannte Via Regia oder Königsstraße, die vom Rhein zur Weser und weiter in Richtung Osten führte, wurde zur ersten großen Handelsstraße. An ihr entlang entstanden im Mittelalter die Städte Duisburg, Mülheim, Essen, Wattenscheid, Bochum, Dortmund und Unna. Als geistige Zentren sorgten das Kloster in Werden und der Hochadelstift in Essen für die kulturelle Erschließung. Parallel dazu entwickelten sich im nördlich gelegenen Lippetal die Ortschaften Wesel, Dorsten, Haltern, Lünen, Werne sowie Hamm, und auch fast alle späteren Industriestädte der Emscherregion, wie z.B. Herne, lassen sich auf mittelalterliche Dörfer zurückführen. Zwischen Hellweg und Lippe gab es jahrhundertelang kaum nennenswerte Stadtgründungen, mit Ausnahme von Kamen und Recklinghausen, wo zur Zeit der Karolinger an einer wichtigen Verkehrsachse zwischen Köln und Münster ebenfalls ein Königshof angelegt wurde. Im südlichen Ruhrgebiet sind es Hattingen und Steele (heute Essen), deren erste Erwähnung aus diesem Zeitraum datiert, doch waren alle diese frühen Städte von geringer Bedeu-

Der Frankenkönig Karl der Große unterwarf das sächsische Volk und trieb die Christianisierung voran. Standbild aus dem 15. Jh. in der Reinoldi-Kirche in Dortmund

tung, denn nur wenige hundert oder tausend Bürger lebten hier meist in kleinen Fachwerkhäusern, betrieben Landwirtschaft oder waren Handwerker. Nach dem Tod Karls des Großen 814 führen familiäre Machtkämpfe und wiederholte Einfälle

Ausgebaute Königshöfe waren, wie Duisburg, die ersten Keimzellen der Städte am Hellweg. Aus: »Civitates orbis terrarum« von Georg Braun und Franz Hogenberg, Kupferstich von 1575

der Normannen, die im Jahre 883 z.B. Duisburg erobern und dort überwintern, zur Schwächung der Reichseinheit. Es folgt die Aufteilung in das westfränkische, das mittelfränkische und das ostfränkische Königreich, in dem auch das Ruhrgebiet lag. Den ostfränkischen Königen gelang es, Stabilität herzustellen. Der alte germanische Stammesadel erhielt einflussreiche Ämter, die ihn ans Reich und an den König banden. Im Gegenzug erkannten sie das Königtum an und gaben ihm durch Wahlen Legitimation. Diese Balance der Kräfte sollte über Jahrhunderte Bestand haben. Während dieser Zeit stellten verschiedene Adelsgeschlechter Kaiser und Könige im Reich. Den Karolingern folgten die Ottonen, die Salier und die Staufer. Im Spätmittelalter verfiel im Zuge des Untergangs der Staufer und des darauf folgenden Interregnums die ohnehin nur schwach ausgeprägte Zentralgewalt bis in die Zeit Rudolfs von Habsburg (1218–1291), während die Macht der Kurfürsten weiter zunahm.

Das Heilige Römische Reich, das sich im 10. Jh. unter der Dynastie der Ottonen aus dem ehemals karolingischen Ostfrankenreich heraus gebildet hatte, war nie ein Nationalstaat moderner Prägung, sondern blieb ein monarchisch geführtes, ständisch geprägtes Gebilde aus Kaiser und Reichsständen mit nur wenigen gemeinsamen Reichsinstitutionen. Die bestimmende

Von Bauern zu Arbeitern – das Ruhrgebiet im Wandel der Zeit

Die Geschichte der Isenburg bei Hattingen war dramatisch, aber kurz. Bereits nach 25 Jahren wurde sie 1225 zerstört, als Vergeltung für den Mord des Burgherrn Friedrich von Isenburg am Kölner Erzbischof Engelbert von Berg.

Organisationsform von Wirtschaft und Gesellschaft im gesamten Mittelalter gründete sich auf das System von Grundherrschaft und Lehnswesen. Das Schwinden der kaiserlichen Macht im Spätmittelalter in Verbindung mit dem Investiturstreit führte zu einem Souveränitätsgewinn der vielen Territorialfürsten, die sich untereinander häufig befehdeten. So konnten etwa die Kölner Erzbischöfe als Herrscher über u.a. das Herzogtum Westfalen und das Vest Recklinghausen ihre Vormachtstellung an Ruhr und Lippe nicht so halten und ausbauen, wie sie es sich wünschten.

An den tragischen Höhepunkt dieser Entwicklung erinnert heute die Ruine der Isenburg bei Hattingen. Auf halber Wegstrecke zwischen der Hauptstadt des Erzbistums Köln und der Hauptstadt des Herzogtums Westfalen, Soest, an einer Ruhrfurt hatte das Castrum Ysenberg, erbaut von Graf Arnold von Altena (ca. 1150–1207), sowohl strategisch als auch verkehrsgeografisch eine ideale Lage. Arnolds Sohn nimmt 1217 den Namen Friedrich von Isenberg an und lässt aufgrund von Konflikten um lukrative Vogteien 1225 seinen Großonkel Engelbert von Berg, den Erzbischof von Köln, in einem Wald bei Gevelsberg überfallen und ermorden. In der Folge verhängt Kaiser Friedrich die Reichsacht und der Papst den Kirchenbann über den Isenberger. Die isenbergischen Burgen Novus Pons (Nienbrügge an der Lippe, westlich von Hamm) und die Isenburg wurden daraufhin von Truppen der Vasallen des neuen Kölner Erzbischofs Heinrich von Molenark belagert und teils bis auf die Grundmauern geschleift. 1226, ein Jahr nach der Tat, wurde Graf Friedrich von Isenberg für seine Tat in Köln durch Rädern und Vierteilen öffentlich hingerichtet.

Hanse und Handel am Hellweg

Als Hellweg bezeichnete man im Mittelalter eine große Königs- oder Heeresstraße oder eine wichtige Durchgangsstraße für den Fernhandel.

Es gibt zwei Deutungen zur Herkunft des Namens »Hellweg«. Die erste leitet ihn vom niederdeutschen Wort »helwech« ab, was so viel wie lichter, breiter Weg bedeutet. Auf diesem konnten Kaufleute vor unliebsamen Überraschungen sicherer sein und zügig vorankommen. Die andere besagt, dass der Ursprung des Namens sich wahrscheinlich vom Salzhandel ableitet, da »hall« mittelhochdeutsch »Salz« bedeutet; das kostbare Gut wurde aus den westfälischen Gewinnungsgebieten über diesen Landweg transportiert. Die industrielle Salzproduktion in der Hellwegstadt Unna datiert bereits aus dem 14. Jh. und war vor dem Ausbau der Steinkohleförderung von erheblicher wirtschaftlicher Bedeutung. So kam etwa 1799 die erste Dampfmaschine (»Feuermaschine« genannt) im heutigen Ruhrgebiet nicht im Kohlebergbau, sondern in der Saline Königsborn in Unna zum Einsatz. Im Mittelalter wird der Hellweg Teil eines 3.000 km langen Handelsweges, der von Brügge nach Nowgorod führte und damit vermutlich die wichtigste Ost-West-Verbindung in Mitteleuropa darstellte. Im späteren Ruhrgebiet nimmt er seinen Anfang an einem Rheinübergang bei Duisburg, quert das niederrheinische Tiefland nach Osten und führt dann über die historische Ruhrfurt bei Schloss Broich nach Mülheim, auf die ganzjährig begehbaren Höhen der Wasserscheide von Ruhr, Emscher und Lippe nördlich des Ardeygebirges und des Haarstrangs. An dessen Nordhang verläuft er weiter über Unna nach Osten bis zu Weser und Elbe. Befördert wurden z.B. Metalle aus dem Harz oder Salze aus Westfalen in den Westen und Tuche aus Flandern sowie Weine aus Frankreich oder Italien in den Osten. Entlang des Hellwegs entwickeln sich aus den Ansammlungen einzelner Gehöfte größere Gemeinden, von denen einige

im Hoch- und Spätmittelalter von den jeweiligen Terri-
torialherren Stadtrechte verliehen bekommen. Handwerker schließen sich zu Zünften zusammen, die ihre
Interessen vertreten, im Bereich des Handels bilden
sich Gilden und überregionale Beziehungen werden
ausgebaut. Zahlreiche Städte gehören zum wichtigsten
Kaufmanns- und später Städtebündnis des Mittelalters, der Hanse.

Etwa im 14. Jh. führen Veränderungen in Europa dazu, dass aus der Kaufmannshanse an Nord- und Ost-
see die sogenannte Städtehanse als Gemeinschaft von
Kaufleuten und Händlern entsteht. Der Stand des
Kaufmanns hat sich in der europäischen Gesellschaft
etabliert und die Handelswege werden zunehmend sicherer. Die Bildung von Fahrgemeinschaften ist dadurch nicht mehr zwingend und es wird möglich, auf
eigene Faust Handel zu betreiben. Zusammen mit der
Entwicklung der Städte, in denen sich ein dauerhaft
stattfindender Markthandel etabliert, werden die Kaufleute ansässig und zunehmend wohlhabender. Sie re-
geln von einer Stadt aus ihr Handelsgeschäft über die
Entsendung eines Vertreters und sind somit in der Lage, mehrere Handelsgeschäfte gleichzeitig von einem
zentralen Punkt aus zu organisieren. Die Sesshaftwer-
dung der Kaufleute in den Städten führt schnell dazu,
dass diese wirtschaftlich potenten Bürger in den Rat
und in die höchsten Positionen der Stadt aufsteigen.
Städte beginnen, für die Sicherung der Handelswege
zu sorgen und die Einhaltung der Handelsprivilegien ihrer Kaufleute in den Handelszielen zu überwachen. Die
zu ihrem Schutz entstehenden Städtebünde stärken
auch das Selbstbewusstsein der Mitglieder, da sie die
alten Grafschaften durch den Fernhandel und spezialisiertes Handwerk wirtschaftlich überflügeln.

Die Bedeutung des Hansebundes zeigt sich auch in
der Beteiligung zahlreicher Städte und Siedlungen des
heutigen Ruhrgebiets, die zwischen dem 14. und 16. Jh.
Mitglieder sind: Bochum, Breckerfeld, Dinslaken, Dort-

mund, Dorsten, Duisburg,
Essen, Hagen, Haltern,
Hamm, Hattingen, Hörde
(heute Dortmund), Kamen,
Lünen, Recklinghausen,
Schwerte, Unna, Watten-
scheid (heute Bochum),
Werne, Wesel, Westhofen
(heute Schwerte) und Wet-
ter. Dortmund wurde dabei
die wichtigste und aktivste

Stadt der Hanse, denn diese gliederte sich regional in
das lübisch-sächsische, das gotländisch-livländische
und das westfälisch-preußische Drittel, welches von
Dortmund geführt wurde, bis diese Position auf Dauer
an Köln überging. Ein Beleg für die Bedeutung der Hanse-
stadt Dortmund ist auch die Verbreitung ihres Stadt-
rechts, das vielen Städten im Osten Europas als
Grundlage diente. Die Stadt am Hellweg erlangte Mitte
des 14. Jh.s mit rund 10.000 Einwohnern etwa die Größe der Stadt Frankfurt, in der damals die deutschen
Kaiser gekrönt wurden.

Die Hansezeit bringt der Besiedelung des Ruhrgebiets neue Impulse, denn die Nachfrage der Hansestädte etwa nach landwirtschaftlichen Gütern führt
auch zu einer wirtschaftlichen Belebung im Umland.

Das alte Dortmunder Rathaus (links) musste aufgrund der schweren Beschädigungen 1955 abgerissen wer-den. Es galt als das äl-teste steinerne Rathaus nördlich der Alpen. Farb-druck nach einer kolo-rierten Fotografie, um 1910

Grafen, Herzöge, Kriege und Napoleon

Das 13. und 14. Jh. ist durch den Aufstieg der Städte
und deren wachsende Bedeutung in Wirtschaft und
Politik gekennzeichnet. Gleichzeitig schwand die kai-
serliche Macht und in der Region bildeten sich Herzogtümer und Grafenterritorien heraus, wovon die wichtigsten die der Grafen von Berg, der Grafen von der
Mark und der Grafen von Kleve waren. Seit Ende des
14. Jh.s waren die Grafen von der Mark in Personaluni-
on Grafen, später Herzöge von Kleve. Ab 1521 wurden
die Territorien im Gebiet der vereinigten Herzogtümer

Burgen, Klöster, Schlösser und Herrenhäuser

Von der wechselvollen Geschichte Deutschlands größter Industrieregion zeugen über 100 Burgen, Klöster, Schlösser und Herrenhäuser. Zu den ältesten Bauwerken der Region zählen die Reichs- bzw. Königshöfe, die Karl der Große im 8. und 9. Jh. entlang des Hellwegs errichten ließ. Im Dortmunder Süden eroberte der Frankenkönig 775 die »Sigiburg« (heute Ruine Hohensyburg) von den Sachsen. Doch die karolingische Herrschaft wurde immer wieder von außen bedroht. Um Schutz zu bieten, entstand mit dem Schloss Broich in Mülheim an der Ruhr der älteste erhaltene frühmittelalterliche Wehrbau nördlich der Alpen.

Noch bevor die heidnischen Sachsen befriedet waren, gründete der friesische Missionar Liudger um 799 in Werden (heute ein Essener Stadtteil) eine Benediktinerabtei. Zur kulturellen Erschließung trug auch das Hochadelsstift in Essen ab ca. 845 als geistiges Zentrum bei (s. S. 179), das zugleich Reichsfürstentum im Heiligen Römischen Reich war.

Heberegister, die den Besitz des Klosters Werden festschrieben, sind seit dem Ende des 9. Jh.s die ältesten Belege für zahlreiche Ortsnamen des späteren Ruhrgebiets. Zu weiteren bedeutenden Klosteranlagen des Ruhrgebiets, die noch erhalten sind, zählen das Kloster Saarn in Mülheim und das heutige Schloss Cappenberg bei Selm. Das Kloster Kamp auf dem Gebiet der Stadt Kamp-Lintfort wurde 1123 durch den Kölner Erzbischof Friedrich I. gegründet und war das erste Zisterzienserkloster im damaligen deutschsprachigen Raum. Der prachtvolle Barockgarten nach dem Vorbild von Schloss Sanssouci in Potsdam wird seit 1987 rekonstruiert. Im Selmer Stadtteil Cappenberg befindet sich das gleichnamige Schloss, das 1121 als Prämonstratenstift gegründet wurde. 1802 wurde das Stift im Zuge der Säkularisation aufgelöst und diente dem preußischen Staatsminister Karl Freiherr vom und zum Stein als Altersruhesitz.

Wie die erstmals im Jahr 1200 erwähnte Isenburg bei Hattingen, die als Ruine auf einem steilen Felssporn über der Ruhr erhalten ist, entstanden die meisten Burgen im Ruhrgebiet zwischen dem 11. und 13. Jh. In diesem Zeitraum erbauten auch die Grafen von der Mark die Burg Mark bei Hamm und die hochmittelalterli-

Kloster Kamp mit Barockgarten

Wasserschloss Haus Bodelschwingh in Dortmund

che Höhenburg Blankenstein im gleichnamigen Hattinger Stadtteil. Als Vorposten gegen die kurkölnische Burg Volmarstein errichteten sie die Burg Wetter am gegenüberliegenden Ruhrufer. 1818 richtete Friedrich Harkort hier die Mechanischen Werkstätten Harkort & Co. ein, eine der ersten Maschinenbaufirmen im Ruhrgebiet.

Im Emschertal und den Niederungen der Lippe entstanden zahlreiche Burgen und Wasserschlösser, die als ritterliche Lehnsgüter oder Adelsresidenzen dienten, wie die Burg Vondern in Oberhausen, das Wasserschloss Haus Bodelschwingh in Dortmund, das Schloss Berge in Gelsenkirchen, das Schloss Lembeck bei Dorsten, das Schloss Beeck in Bottrop, die Schlösser Borbeck und Hugenpoet in Essen, das Schloss Bladenhorst in Castrop-Rauxel oder das Wasserschloss Strünkede in Herne, das heute die kultur- und stadtgeschichtlichen Sammlungen des Emschertal-Museums beherbergt.

Im 19. Jh. wurden ehemalige Adelssitze häufig von Industriellen erworben und als Repräsentationsobjekte genutzt, wie etwa die mittelalterliche Höhenburg Schloss Landsberg oberhalb der Ruhr bei Essen-Kettwig. Sie wurde im 13. Jh. durch den Grafen Adolf V. von Berg erbaut und diente später dem Industriebaron August Thyssen als repräsentativer Wohnsitz. Das herausragendste Beispiel einer neu entstandenen, schlossartigen Anlage ist die Villa Hügel in Essen. 1864 erwirbt Alfred Krupp ein Landgut mit umliegenden Ländereien hoch über der Ruhr im Stadtteil Bredeney und errichtet ein Wohnhaus mit gewaltigen Ausmaßen: 269 Räume mit insgesamt 8.100 qm. Obwohl sie nach dem Ende des Zweiten Weltkriegs nicht mehr als Wohnhaus genutzt wird, gewinnt die Villa Hügel wachsende Bedeutung als Identifikationsort für das Unternehmen. Seit den 1950er-Jahren sorgen Ausstellungen dafür, dass sie sich zu einem Zentrum der Kunst und Kultur entwickelt.

Villa Hügel in Essen

Von Bauern zu Arbeitern – das Ruhrgebiet im Wandel der Zeit

Kleve-Mark und Jülich-Berg-Ravensberg unter einer gemeinsamen Herrschaft zusammengeführt, die mit dem Jülich-Klevischen Erbfolgestreit (1609–1614) endete. Das Herzogtum Kleve im Nordwesten sowie die Grafschaft Mark im Osten des heutigen Ruhrgebiets fielen an den Kurfürsten von Brandenburg-Preußen aus dem Hause Hohenzollern. Das Vest Recklinghausen gehörte seit Langem zu Kurköln und Dortmund war die Freie Reichsstadt in Westfalen, die während des Mittelalters 30 Mal deutsche Könige bzw. römische Kaiser beherbergte.

Bis zum 19. Jh. folgen im gesamten Mitteleuropa, so auch in den Städten im Ruhrgebiet, Jahrhunderte tiefsten Niedergangs. Das Ende der Hanse, politische Unabhängigkeitsbestrebungen fürstlicher Landesherren, Reformationskriege, der Dreißigjährige Krieg (1618–1648), die Raubkriege Ludwigs XIV., der Siebenjährige Krieg Preußens (1756–1763), die Napoleonischen Kriege (1792–1813), Missernten, Hunger und schwere Epidemien wie Pest und Cholera lassen die blühenden Handelsstädte auf das Niveau von Ackerbürger- und Landgemeinden absinken. Die Region reduziert sich weitgehend auf die Agrarwirtschaft, die u.a. der Versorgung der frühen Eisenindustrie-Region im Bergisch-Märkischen Land dient. Bis heute ist der Ackerbau in der Börde sehr ausgeprägt. Vom alten Reichtum dieser Landstriche zeugen noch viele Güter und Schlösser.

Unterbrochen wird die preußische Herrschaft nur durch Napoleon Bonaparte. Im Verlauf seiner Feldzüge ergriffen die französischen Truppen ab 1806 Besitz von den Herzogtümern Kleve und Berg. In dem nachfolgenden »Frieden von Tilsit« trat der preußische König seine westfälischen Besitzungen einschließlich der Grafschaft Mark an das Kaiserreich Frankreich ab. Napoleon bildete daraus das neue Großherzogtum Berg mit der Hauptstadt Düsseldorf, das bis 1813 existierte. Das Ruhrgebiet wurde während dieser Zeit zum »Département Ruhr«, das aus den drei Arrondissements

Dortmund, Hamm und Hagen bestand, wobei sich in Dortmund der Sitz der Präfektur befand. Weil es eine günstigere Lage und besser geeignete Verwaltungsgebäude als Hamm besaß, wurde die vormalige Reichsstadt zum Sitz zahlreicher Verwaltungs- und Gerichtsbehörden.

Preußen prägt das Land

Noch um die Wende zum 19. Jh. bestand Deutschland aus über 300 selbstständigen Einzelstaaten mit eigenständigen Regierungen und Zollschranken, die eine Industrialisierung fast unmöglich machten. Auch eine schlechte Infrastruktur und kaum aufnahmefähige Märkte erschwerten das Wirtschaften. Im absolutistischen System betrieben die Landesfürsten eine merkantilistische Planwirtschaft, und das erwirtschaftete Geld wurde für eine kostspielige Hof- und Heereshaltung verschwendet. Die gesellschaftlichen Schranken einer weitgehend agrarisch geprägten Wirtschaft behinderten die Entwicklung zusätzlich, obwohl sich das Bürgertum schon seit Mitte des 18. Jh.s immer mehr vom Adel emanzipierte. Ein großes Problem stellten auch die Zünfte dar, die die Entfaltung kapitalorientierter Marktwirtschaft verhinderten. Die Industrialisierung kam daher z.B. gegenüber England nur sehr langsam in Bewegung. 1758 fließt zwar bereits kochend heißes Eisen aus dem ersten Hochofen des Ruhrgebiets in der Oberhausener St. Antony-Hütte, es bedurfte jedoch noch großer Veränderungen, um die Voraussetzungen für einen Industriestaat wie England zu schaffen. Bis zum Beginn des 19. Jh.s kann sich das spätere Ruhrrevier nicht einheitlich als Wirtschaftsraum entwickeln. Diese verschiedenen Herrschaftsbereiche haben weder

Die St. Antony-Hütte war der erste Hüttenbetrieb des späteren Ruhrgebiets.

einheitliche Maße und Gewichte noch Zölle, Rechts-
normen oder Gewerbeordnungen. Entscheidende
Veränderungen gibt es während und in der Folge der
französischen Herrschaft unter Napoleon Bonaparte,
der im Département Ruhr (1806 bis 1813) mit dem
»Code civil« auch die demokratischen Ideen der Französischen Revolution verbreiten will. Die Niederlage
Preußens in der Schlacht bei Jena und Auerstedt
(1806) nötigte die Staatsführung zu den preußischen
Reformen, die auf den Ideen der Aufklärung beruhten.
So wird etwa die Leibeigenschaft abgeschafft und die
Gleichberechtigung der Juden, die Selbstverwaltung
der Städte sowie vor allem die Gewerbefreiheit eingeführt. Nach den Kriegen gegen Napoleon und seiner
entscheidenden Niederlage in der Völkerschlacht bei
Leipzig (1813) wird auf dem »Wiener Kongress« 1814 / 15
die Neuordnung Europas beschlossen, und Preußen erhält seine Besitzungen in Westfalen und am Rhein zurück: das einstige Herzogtum Berg, die Reichsstadt
und die Grafschaft Dortmund, dazu noch die Herrschaft über einige kleinere Gebiete sowie die geistlichen Territorien von Werden und Essen. Damit waren
alle Bereiche um Ruhr, Emscher und Niederrhein in
einer Hand vereinigt. Sie gehörten nun der preußischen Provinz Westfalen und der Rheinprovinz an. Die
Vielzahl der aus dem Mittelalter überkommenen Herrschaftsbereiche war damit endgültig an einen Macht-
haber (Friedrich Wilhelm III.) gefallen, die Entwicklung
der Industrieregion in einem Rechtssystem war nun
möglich. Lediglich die Verwaltungsgrenzen preußischer
Provinzen verliefen innerhalb des entstehenden Ruhrgebiets. Die Rheinprovinz mit Essen, Oberhausen, Mülheim, Duisburg und dem gesamten Kreis Wesel (heute
Regierungsbezirk Düsseldorf) sowie die Provinz Westfalen (heute Regierungsbezirke Arnsberg und Münster)
wurden gegründet. In Form der Regierungsbezirks-
grenzen sind sie bis in die Gegenwart erhalten, denn
zwei der für das Ruhrgebiet zuständigen Bezirksregie-

rungen gehören zum Landschaftsverband
Westfalen-Lippe (Münster und Arnsberg)
und die dritte (Düsseldorf) zum Landschaftsverband Rheinland. Für das Land an der
Ruhr setzt in der Folge eine rasante wirtschaftliche Entwicklung ein.

Nachdem sich die politisch-geografische
Gliederung vereinfacht hatte, blühte der Handel auf. Die Auflösung der feudalen Bindung
der Bauern an ihre Lehnsherren wurde gefor-
dert, um so eine durch Zusammenlegung der
Grundflächen leistungsfähige Agrarwirtschaft
zu erlangen, in der nicht mehr jeder Bauer
nur für sich und seinen Herrn arbeitete. Forderungen nach der Auflösung der Zünfte für mehr Gewerbefreiheit und die Schaffung des »Deutschen Zollvereins« (1834) für eine einheitliche Zollpolitik standen
auf dem Plan.

Die Germania auf der
Wacht am Rhein: Durch
die Gründung der Pro-
vinzen Rheinland und
Westfalen hat die preu-
ßische Herrschaft bis
heute Konsequenzen für
die Struktur des Landes
Nordrhein-Westfalen.
Gemälde von L. Clasen,
1860

Erheblichen Anteil an der Förderung des Industrie-
standortes hatte die Politik Preußens, die immer mehr
dazu überging, aktiv in die Wirtschaft einzugreifen, so
etwa durch direkte finanzielle Förderung oder regulie-
rend durch Steuern, Kredite und Subventionen. Doch
die Industrialisierung brachte auch die Soziale Frage
auf den Tisch, denn infolge der Landflucht wuchsen die
Städte bei steigender Gefahr von Arbeitslosigkeit.

Die Engländer machen es vor
Die frühe Industrialisierung erreicht über England und
Belgien das Ruhrgebiet. In dieser Zeit erscheinen die
Niederungen von Ruhr, Emscher und Lippe eher idyl-
lisch und die Zukunft als größte Montanregion Europas
ist noch fern.

In England, dem Mutterland der Industrialisierung,
wurden Absolutismus, Grundherrschaft und Zunft-
zwang schon früher gelockert bzw. überwunden als
auf dem Kontinent. So konnte sich freier Handel und
Kapitalbildung hier eher entwickeln und damit ent-

Von Bauern zu Arbeitern – das Ruhrgebiet im Wandel der Zeit

Die englische Erfindung der Dampfmaschine ist ein Meilenstein für die Industrialisierung – auch im Ruhrgebiet.

scheidende technische Innovationen schon früh vorangetrieben werden: Die Erfindung der Dampfmaschine, des mechanischen Webstuhls und der Spinnmaschine änderte die gesamte Wirtschaft von Grund auf.

Während sich im Rheinland die Textilindustrie entwickelt, erleichtern im Ruhrbergbau die Dampfmaschinen den Abbau der Kohle. Sie dienen zunächst vor allem der Wasserhaltung auf den Zechen. Der damit mögliche Tiefbau erlaubt in den Jahren 1815 bis 1830 eine Steigerung der Kohlenförderung um das Doppelte. Die Kohle wird in Booten auf der Ruhr transportiert und am Ruhrorter Hafen verschifft. Die Eisenindustrie steckt zu dieser Zeit in den Kinderschuhen, ihre Entwicklung gestaltet sich weitaus schwieriger als die des Ruhrbergbaus, denn die einheimischen Erze bieten sich nur bedingt zur Verhüttung an. Noch muss

Industriespionage

Um den Vorsprung Englands aufzuholen, bedienten sich die Industriepioniere auch unlauterer Mittel, die man durchaus als Industriespionage bewerten kann. So soll etwa Eberhard Hoesch 1823, getarnt als Kaufmann für Fabrikmaschinen, nach Sheffield gereist sein, um dort unter Lebensgefahr das von Henry Cort erfundene Puddelverfahren auszukundschaften. Nachdem er dabei entdeckt wurde, konnte er in einer halsbrecherischen Flucht durch die Gassen der Industriestadt entkommen.

Auch Alfred Krupp soll 1838 inkognito auf die Insel gereist sein, um dort »Erfahrungen zu sammeln«.

Sein Konkurrent Jacob Mayer war bei seiner Tätigkeit als Industriearbeiter in England erfolgreich bei der Beschaffung von Informationen. Nach seiner Rückkehr entwickelte er 1847 in Bochum das neue Verfahren des Stahlformgusses, das die Stahlindustrie revolutionierte, da es die Herstellung riesiger Teile für den Schiff- oder Eisenbahnbau ermöglichte. Der Bochumer Verein wurde dadurch lange Zeit zum zweitgrößten Stahlwerk Deutschlands nach Krupp.

Holzkohle verwendet werden, da die bis dahin zugäng-
liche Magerkohle des Ruhrgebiets sich nicht zur
Verkokung eignet. Teilweise werden in England schon
erprobte Verfahren der Stahlerzeugung adaptiert. Neben der Stahlerzeugung gewinnt der Maschinenbau
immer mehr an Bedeutung.

Um 1835 sind technologisch und infrastrukturell die
Grundbedingungen zur Industrialisierung erfüllt. Auf der
Ruhr lässt sich der Transport von Gütern aller Art be-
werkstelligen. Das sogenannte Puddelverfahren (s. S.
50) erlaubt nun die massenhafte Produktion von Stahl,
und die Überwindung der Mergelgrenze im Tiefbau
(1832-34) ist ein Meilenstein, der auch den Fettkohle-
abbau in den tieferen Lagen nördlich der Ruhr ermöglicht.

Ökonomisch wird Deutschland durch den 1834
gegründeten »Deutschen Zollverein« geeint. Trotz wirtschaftlicher Krisen, zahlreicher Konkurse und Preis-
verfall gelingt es, den Rückstand gegenüber England
wettzumachen, und zunehmend kommt es zu eigenständigen Entwicklungen im Elektro-, Chemie- und
Motorenbereich.

Kohlenkähne und Stahlrösser erobern das Revier
Seit 1780 die letzte von sechzehn Schleusen die
Schifffahrt auf der Ruhr von Holzwickede bis Ruhrort

Der Rhein-Herne-Kanal
sorgte ab 1914 für die
Anbindung an internatio-
nale Märkte.

ermöglichte, war der Fluss der wichtigste Weg für den Transport der Kohle auf speziellen Flachbodenschiffen mit geringem Tiefgang, den sogenannten Ruhraaken. Mit dem Bau der Ruhrtalbahn (1872-1876) und der Wanderung des Bergbaus nach Norden verliert die Ruhrschifffahrt an Bedeutung. Doch auch die sich entwickelnde Schwerindustrie im nördlichen Ruhrgebiet braucht ein leistungsfähigeres Transportsystem für die gigantischen Mengen an Massengütern. Ab 1899 erschließt daher der Dortmund-Ems-Kanal den Weg zur Nordsee und steigert die Bedeutung des Dortmunder Kanalhafens. Möglich wurde dies erst durch den Bau des Schiffshebewerks Henrichenburg bei Waltrop, das im gleichen Jahr feierlich durch Kaiser Wilhelm II. eröffnet wurde. Mittels einer damals innovativen Hubtechnik beförderte es die Schiffe in nur 12 Minuten um 14 Meter in die Höhe und dient heute als Industriemuseum. Der Rhein-Herne-Kanal (1914) sowie der Wesel-Datteln-Kanal (1931) sorgen für die Ost-West-Verbindung zum Rhein. Neben den Eisenbahnen werden diese künstlichen Wasserstraßen zu den Lebensadern des Industriegebiets, zu ihrem Herzstück wachsen die Duisburger Häfen heran. In Datteln kreuzen sich die Kanäle, und von Osten kommend wird ab 1933 noch der Datteln-Hamm-Kanal angeschlossen. Zusammen entsteht so der größte europäische Knotenpunkt für die Binnenschifffahrt. Daneben verbindet der Ruhrschifffahrtskanal seit 1927 den Duisburger Rheinhafen mit dem Mülheimer Rhein-Ruhr-Hafen.

Bereits am Ende des 18. Jh.s wurde auf dem Rauendahler Schiebeweg die geförderte Kohle von den Stollenmundlöchern in den Hügeln bei Hattingen hinab zu den Verladestationen an der Ruhr über Schienen aus Gusseisen transportiert. Während man auf diesem Weg das natürliche Gefälle ausnutzte, wurden die Kohlenkarren auf dem Rückweg von Pferden gezogen, doch spätestens mit dem Bau der ersten Dampflokomotive deutscher Produktion wird 1839 das Eisen-

bahnzeitalter in Deutschland eingeläutet. 1843 wird
die »Köln-Mindener-Eisenbahngesellschaft« gegründet,
die den Bau einer Eisenbahn von Köln durch das Emschertal über Duisburg, Oberhausen, Altenessen, Gelsenkirchen, Herne, Castrop und Dortmund und von
dort weiter nach Hamm über Bielefeld bis Minden
konzipiert. Zwischen 1845 und 1847 wird die Strecke
fertiggestellt und ist von da an maßgeblich für die industrielle Entwicklung des Ruhrgebiets. Fast zur gleichen Zeit wird die Bergisch-Märkische Verbindung
zwischen Dortmund und Elberfeld eröffnet. Doch die
Eisenbahn ist nicht nur Voraussetzung für den Aufschwung der Eisen- und Stahlindustrie, sie ist zudem
ihr größter Abnehmer. Die Herstellung von Schienen,
Brücken, Loks und Waggons steigert die Nachfrage
nach Kohle und Stahl dramatisch, führt zu einem weiteren Ausbau des Eisenbahnnetzes und vergrößert
dadurch den Bedarf an neuen Lokomotiven und Schienen. Der schnelle Ausbau der Bahnstrecken führt
wiederum zu steigenden Anforderungen an die Stahlproduktion und -verarbeitung. Die Entwicklung nahtlos
geschweißter, bruchsicherer Radreifen 1852/53 durch
Alfred Krupp, die größere Fahrgeschwindigkeiten ermöglichen, bedeutet daher einen enormen Wachs-
tumsschub für das Unternehmen, das u.a. auch den
amerikanischen Markt beliefert.

Der Wesel-Datteln-
Kanal, hier bei Haltern,
zählt noch immer zu
den wichtigen Verkehrs-
trägern für den Güter-
transport.

   So ist die industrielle
Revolution in den
1850er- und 1860er-
Jahren vor allem von In-
vestitionen in den Eisen-
bahnbau und die
Schwerindustrie ge-
prägt. Die Betreiber der
Strecken sind Eisen-
bahngesellschaften,
Zechen und andere
Großbetriebe, die ihre

Von Bauern zu Arbeitern – das Ruhrgebiet im Wandel der Zeit

Grubenpferde

Ab der Mitte des 19. Jh.s werden Grubenpferde im Bergbau eingesetzt, um in den engen Stollen die schweren Wagen mit Kohle oder Material zu ziehen. Anfangs werden die Tiere jeden Tag nach unten befördert und nach Schichtende wieder in ihre Ställe über Tage gebracht. Aus Kostengründen beginnt aber bald die Einrichtung von Ställen unter Tage. Der Einsatz von Pferden ist wesentlich rentabler als der bis dahin übliche Kohlentransport durch menschliche Schlepper, denn diese können immer nur einen Wagen bewegen, während ein Pferd die acht- bis zehnfache Menge ziehen kann. Um die Pferde nach unten zu bringen, werden sie in einem speziellen Geschirr am Förderseil abgelassen. Zur Hochzeit des Einsatzes von Grubenpferden sind im Ruhrbergbau mehr als 8.000 Tiere im Einsatz; noch 1956 werden etwa 400 eingesetzt. Grubenpferde erkranken seltener als Bergleute an der Staublunge, sind allerdings anfälliger für Erkältungen durch die wechselnden Temperaturen und bekommen häufig Augenprobleme. 1966 verlässt Tobias, das letzte deutsche Grubenpferd, nach zwölf Jahren Dienst als eines der ältesten Grubenpferde die Recklinghäuser Zeche General Blumenthal. Bis zu seinem Tod vier Jahre später lebt der Hengst auf einem Bauernhof.

»Arbeitskameraden«, Grubenpferd und Bergmann unter Tage (ca. 1937)

Firmen an das schnell wachsende Streckennetz anbinden wollen, das 1870 das dichteste der Welt ist. Die Erschließung neuer Kohleabbaugebiete erfordert im Westen eine Anbindung an den Rhein bei Duisburg und an die Kanäle sowie die Verschiebebahnhöfe im östlich gelegenen Dortmund, denn erst die Kombination von Zug und Schiff ermöglicht den weltweiten Handel. Im Jahr 1900 gibt es allein im Ruhrgebiet 6.000 Kilometer Eisenbahnstrecke. An den Haltepunkten entstehen

Bahnhöfe, deren oftmals prächtige Bauten zum Zentrum des wirtschaftlichen und gesellschaftlichen Lebens werden.

Ein funktionierendes Transportwesen wird zum entscheidenden Standortfaktor, denn die Bewegung von Kohle, Erz, Eisen und Stahl macht die Industrialisierung erst möglich. Schienen, Kanäle und Straßen verbinden die einzelnen Produktionsstandorte mit den Abnehmern der Produkte weltweit, aber auch Grubenhölzer, Baumaterial, Eisenwaren und Lebensmittel müssen innerhalb der Region transportiert werden.

Industrialisierung schafft das Ruhrgebiet

Ab Mitte des 19. Jh.s sind alle Weichen für eine Weiterentwicklung im Ruhrgebiet gestellt. Die Steinkohlevorkommen des Ruhrkarbons bilden die natürliche Grundlage für die Entstehung der größten montanindustriellen Region Europas. Zwischen 1849 und 1871 wächst die Zahl der Dampfmaschinen von 651 auf 11.700. Große Betriebe entstehen, die einen enormen Bedarf an Arbeitern decken müssen. So werden in der zweiten Hälfte des 19. Jh.s über 280 Schachtanlagen betrieben. Die Zahl der Betriebe mit mehr als 200 Beschäftigten erhöht sich im Bergbau von 274 im Jahr 1882 auf 398 im Jahr 1907, wobei die Belegschaften der Zechen oft 1.000 Mitarbeiter und mehr erreichen. Im selben Zeitraum steigt die Zahl der Betriebe im Metallbereich von 38 auf 194, in der chemischen Industrie

Blick auf die Kruppschen Fabriken 1890. In der Phase der Hochindustrialisierung kennt das Wachstum keine Grenzen.

von neun auf 27 und in der Textilbranche von 103 auf 239 Betriebe.

1885 zählt man bereits 100.000 Beschäftigte im Bergbau und allein bis 1905 kommen nochmals etwa zwei Millionen hinzu. Die Steinkohleförderung steigt von 22,5 Millionen Tonnen im Jahr 1880 auf 60 Millionen Tonnen im Jahr 1900. Roheisen wird 1850 in einer Menge von 11.500 Tonnen jährlich produziert, 1910 sind es bereits 3,27 Millionen Tonnen.

Begleitet wurde die industrielle Revolution, die sich vor allem in regionalen Verdichtungszonen wie dem Ruhrgebiet auswirkte, von der (gescheiterten) Revolution von 1848/49, dem Höhepunkt der liberalen und bürgerlichen Bewegung in Deutschland, als Kampf um nationale und wirtschaftliche Einheit in Bezug auf Handel, Zoll und Verkehr. Den geistigen Hintergrund für den Abbau der überkommenen Entwicklungshemmnisse lieferte die liberale Wirtschaftstheorie, deren prominentester Vertreter der Philosoph und Volkswirtschaftler Adam Smith (1723–1790) war. Nach seiner zentralen Auffassung ist die Arbeit jedes Menschen die Quelle des Volkswohlstandes, der dadurch gemehrt wird, dass jeder arbeitende Mensch zur Verbesserung seiner eigenen Lage Waren für den Markt produziert, deren Wert durch das Gesetz von Angebot und Nachfrage bestimmt wird. So fördere das Gewinnstreben des Einzelnen letztlich das Gemeinwohl. Für die Industriearbeiterschaft des Ruhrgebiets bedeutete das Scheitern der Märzrevolution 1848, die auch die Frage nach Freiheit und sozialer Gerechtigkeit stellte, einen Rückschritt, denn mit der fortschreitenden Industrialisierung gewinnt vor allem das Unternehmertum an Freiheit, und die Verfassung vom Dezember 1849 etabliert die neue Klasse des Bürgertums. Der preußische Staat zieht sich aus der staatlichen Verwaltung der Kohlegruben zurück. Mit der Aufgabe des Direktionsprinzips und der Einführung des »Allgemeinen Berggesetzes« von 1865 ist der Bergmann kein preußischer Beamter mehr, er muss seinen Arbeitsvertrag direkt mit dem Unternehmer aushandeln und verliert seine ständischen Privilegien.

In der Phase der Hochindustrialisierung wird die wirtschaftliche Entwicklung befeuert durch die Entfaltung eines neuen Nationalgedankens im Zusammenhang mit der Reichsgründung 1871. Die Kriegsentschädigung von Frankreich im Wert von fünf Milliarden Goldfranc war hierbei besonders förderlich, und es folgten die sogenannten Gründerjahre, in denen Hunderte von Aktiengesellschaften entstanden.

Neben den USA und England wird Deutschland noch vor dem Ersten Weltkrieg zu einem der führenden Industriestaaten, in dem die Wirtschaft und ihre Vertreter zunehmend die feudalen Strukturen ablösen. Es sollte jedoch noch bis zum Beschluss der Weimarer Verfassung von 1919 dauern, bis sich das Land von einer konstitutionellen Monarchie zu einer parlamentarischen Republik verwandelte, in der laut Verfassung alle Deutschen vor dem Gesetz gleich sind.

Die immense Dynamik der industriellen Revolution spiegelt sich in vielen technischen Erfindungen der Gründerzeit: des Siemens-Martin-Verfahrens zur Stahlerzeugung (1869), des Benzinmotors und des

Belegschaft der Schachtanlage Carolus Magnus, Borbeck, Essen, um 1895

Puddelverfahren und Co.

Das Puddelverfahren ist eines der ältesten Verfahren zur Stahlgewinnung. Es wurde 1784 von Henry Cort entwickelt und erlangte während der Industrialisierung große Bedeutung. Cort hatte bemerkt, dass der in heißem Roheisen enthaltene Kohlenstoff oxidiert, wenn Luft darüber streift. Beim Puddeln wird das Roheisen in den großen Pfannen eines Puddelofens geschmolzen und dann mit langen Stangen durchgerührt (engl. puddled), um unter Zugabe von Kohle und mittels häufigen Umrührens Stahl herzustellen. Hierbei wird die Schlackeschicht durchbrochen, das Eisen immer wieder sauerstoffhaltigen Verbrennungsgasen ausgesetzt und somit gefrischt, um die Verunreinigungen auszutreiben und den Kohlenstoff zu verbrennen. Erstmalig konnte so ein bruchfester, elastischer Stahl in größeren Mengen hergestellt werden, denn bis dahin gab es nur zwei Eisenwerkstoffe, die in größeren Mengen verfügbar waren. Zum einen war es Gusseisen, welches wegen des hohen Kohlenstoffgehaltes sehr spröde war, und zum anderen Schmiedeeisen, dem der enthaltene Kohlenstoff im rot glühenden Zustand größtenteils durch Ausschmieden entzogen wurde. Dadurch wurde das Material elastischer. Beim Puddelvorgang dauerte es etwa 24 Stunden, bis aus dem rohen Eisen schmiedbarer Stahl geworden war.

Das Verfahren war bis Mitte des 19. Jh.s gebräuchlich, bis sich effizientere und schnellere Konvertiermethoden verbreiteten. So verbrannte beim Bessemerverfahren nicht nur der Kohlenstoff, sondern auch andere im Eisen enthaltene Verunreinigungen. Es blieb ausschließlich Stahl übrig, und eine Charge Roheisen konnte die Bessemerbirne bereits nach rund 25 Minuten verlassen.

Das Thomasverfahren ist ein sogenanntes Blas- oder Windfrischverfahren, bei dem durch Bodendüsen eines Konverters (Thomasbirne) Luft in das flüssige Roheisen geblasen wird. Fast alle Stahlkonstruktionen der 1950er- und 1970er-Jahre sind aus Thomasstahl gebaut.

Thomasbirne, Franz Fischer, Duisburg-Rheinhausen, um 1960

Automobils durch Gottlieb Daimler und Carl Benz (1885/86) oder die Einführung der elektrischen Energie mit dem Bau von Kraftwerken auf Basis des Wechselstroms, nach dessen Erfindung durch Nicola Tesla 1885 in den USA. Mit der Gründung des Deutschen Reiches 1871 und den daran geknüpften Wegfall von Handelshindernissen, der Einführung eines gemeinsamen Marktes und dem Ausbau der Verkehrswege können die preußischen Westprovinzen in diesen Gründerjahren von dem wirtschaftlichen Aufschwung profitieren. Unter diesen Vorzeichen entwickeln sich Betriebe wie Krupp, Thyssen, Hoesch, der Bochumer Verein, Klöckner, Haniel und Mannesmann so wie viele andere zu international bekannten Unternehmen, die auf Weltausstellungen ihre Leistung demonstrierten.

Industriebarone und -pioniere

Die Industrialsierung des Ruhrgebiets wird im Montanbereich hauptsächlich von Großunternehmen bestimmt, die Tausenden Arbeitnehmern Arbeitsplätze boten und auch Wohnraum. Ganze Städte und Stadtteile verdanken ihre Existenz den Unternehmen, die sich dort ansiedelten, und noch heute verweisen Stadtteilbezeichnungen und Straßennamen auf die Unternehmen beziehungsweise ihre Gründer.

Die Krupp-Dynastie

Krupp ist der Name, der mit dem Ruhrgebiet, und mit der Stadt Essen im Besonderen, verbunden ist wie kein anderer. 1811 gründet Friedrich Krupp (1787–1826) hier die Gussstahlfabrik Friedrich Krupp, die er bei seinem frühen Tod im Alter von 39 Jahren hoch verschuldet hinterlässt. Als 14-Jähriger übernimmt sein Sohn Alfred Krupp (1812–1887) die Geschäftsführung und wird die Gusstahlfabrik zum größten Industrieunternehmen Europas ausbauen. Ab 1843 wird die Eisenbahn zur wichtigen Abnehmerin und bietet zugleich verbesserte Transportmöglichkeiten: Achsen, Schienen

Alfred Krupp (1812–1887)

Von Bauern zu Arbeitern – das Ruhrgebiet im Wandel der Zeit

Die nahtlosen Radreifen wurden zum Export-schlager und sind noch heute Teil des Firmenlogos der Thys-senKrupp AG.

und vor allem der 1853 entwickelte nahtlose Radreifen, der zum Firmensymbol wird, lassen die Gussstahlfabrik von sieben Mitarbeitern (1826) auf etwa 20.000 (1887) steigen. Für seine Arbeiter richtet Krupp 1836 eine Betriebskrankenkasse ein, errichtet eine Krankenanstalt und lässt Werkswohnungen bauen, die in ihrer Zeit vorbildlich sind. Außerdem eröffnet er die »Konsum-Anstalt«, um seinen Mitarbeitern günstige Einkaufsmöglichkeiten zu geben. Für dieses Engagement erwartet Krupp als Gegenleistung Identifikation mit dem Unternehmen und extrem hohe Loyalität. So müssen sich die Arbeiter auch außerhalb der Arbeitszeit als »Kruppianer« verhalten und dürfen sich keinesfalls in der Arbeiterbewegung engagieren.

Alfred Krupp ist einer der innovativen Pioniere der Industrialisierung. Er entwickelt den Dampfhammer, verbessert die Stahlerzeugung durch die Anwendung der neuesten Produktionsverfahren und erwirbt sich mit der Herstellung von Kanonen und Geschützen, die weltweit reißenden Absatz finden, den Beinamen »Kanonenkönig«. Mit der Villa Hügel setzt er sich ein Denkmal; 1887 stirbt er im Alter von 75 Jahren. Sein Sohn Friedrich-Alfred Krupp (1854–1902) übernimmt die Leitung der Firma und setzt den Ausbau des Imperiums fort: 1897 errichtet er z.B. die Friedrich-Alfred-Hütte in Rheinhausen, die sich in wenigen Jahren zum größten Stahlwerk Europas entwickelt und exponiert sich auch als politischer Förderer des kaiserlichen Flottenprogramms. Mit dem Rüstungsboom macht die Firma gute Gewinne und die Kruppianer danken es ihrem Chef durch Einsatz und Treue zum Unternehmen, zumal die Tradition der kruppschen Wohlfahrt etwa mit dem Bau musterhafter Wohnsiedlungen weiter

ausgebaut wird. Nach Friedrich-Alfreds frühem Tod
übernimmt die Firmenleitung Gustav von Bohlen und
Halbach (1870–1950), der Bertha Krupp, die Tochter
und Alleingesellschafterin der zuvor gegründeten F.A.
Krupp AG, heiratet, und setzt die Erfolge der Firma als
Waffenproduzent im Kaiserreich fort. Mit der Machtübernahme durch die Nationalsozialisten 1933 wird die
Rüstungsproduktion wieder enorm gesteigert, und
nach anfänglicher Zurückhaltung weht die Hakenkreuz-
flagge auch vor der Villa Hügel. Wieder profitiert das
Unternehmen enorm vom Krieg, beschäftigt Zehntau-
sende Zwangsarbeiter und entgeht der Verstaatlichung
durch ein von Adolf Hitler eigens erlassenes Reichsge-
setz. Noch vor Kriegsende übernimmt 1943 der älteste
Sohn Alfried Krupp von Bohlen und Halbach (1907–
1967) die Geschäftsleitung, der nach dem Zweiten
Weltkrieg in einem Kriegsverbrecherprozess wegen
Plünderung von Wirtschaftsgütern im Ausland und der
Ausbeutung von Zwangsarbeitern angeklagt wird. Er
wird zu zwölf Jahren Haft und dem Einzug seines Ver-
mögens verurteilt, wird jedoch vorzeitig entlassen und
kann nach Aufhebung des Urteils 1953 erneut die
Leitung der Firma übernehmen. In diesem Jahr tritt
Berthold Beitz dem Unternehmen bei und wird Gene-
ralbevollmächtigter. Mit dem Tod Alfried Krupps 1967
stirbt der Familienname aus, weil sein Sohn Arndt von
Bohlen und Halbach (1938–1986) auf das Erbe verzichtet und damit das Recht auf den Namen Krupp
verliert. Das gesamte Vermögen geht auf die »Alfried

Krupp im Film

In dem üppig ausgestatteten deutsch-italienischen Spielfilm
»Die Verdammten« (1969) von Luchino Visconti versucht die
Industriellenfamilie von Essenbeck, sich durch die Zusammenarbeit mit den Nationalsozialisten zu sanieren und treibt stattdessen ihren eigenen Zerfall voran. Der Film ist voller Anspielungen
auf die Krupp-Dynastie. 2009 nahm sich der dreiteilige ZDF-
Fernsehspielfilm »Die Krupps« des Themas an.

Krupp von Bohlen und Halbach-Stiftung« über. Als Verwalter der Stiftung wird Berthold Beitz eingesetzt, und aus der Reorganisation des Konzerns geht die Friedrich Krupp AG hervor, die 1992 die Mehrheit der Firmenanteile der Dortmunder Traditionsfirma Hoesch erwirbt. 1999 kommt es schließlich zur spektakulären Fusion mit einem weiteren Giganten der Ruhrindustrie: mit der Firma Thyssen zur ThyssenKrupp AG.

Thyssen

Der Name, der heute in Verbindung mit Krupp für den größten deutschen Stahlkonzern, die ThyssenKrupp AG, steht, ist auch der Name einer der großen Industriellenfamilien im Ruhrgebiet.

Im Alter von 29 Jahren gründet August Thyssen (1842–1926) in Styrum bei Mülheim an der Ruhr die Firma Thyssen & Co., die zunächst nur ein Stahl- und Bandeisenwalzwerk betreibt. In der folgenden Zeit erweitert er mit seinem Bruder Joseph das Werk um ein Stahlwerk, ein Röhren- und ein Blechwalzwerk mit Verzinkerei, eine Gießerei und eine Maschinenbauabteilung. Um die Rohstoffversorgung für die Koksherstellung zu sichern, erwerben sie 1891 das Steinkohlebergwerk Gewerkschaft Deutscher Kaiser in Hamborn-Bruckhausen bei Duisburg und gliedern ihm ein Stahlwerk an, in dem bis heute produziert wird. Beide Ereignisse gelten als Gründungsdaten des Thyssen-Konzerns. Als Standortfaktor wird eine gute Verkehrsanbindung immer wichtiger. Deshalb werden auf einem Bruckhausener Grundstück mit direktem Zugang zum Ruhrorter Hafen zwischen 1892 und 1894 insgesamt fünf Walzwerke in Betrieb genommen. Innerhalb weniger Jahrzehnte verwandelte sich das Duisburg-Mülheimer Unternehmen in einen Konzern mit nationalen und internationalen Standorten. 1902 gründet August Thyssen die Aktiengesellschaft für Hüttenbetrieb im damals noch selbstständigen (Duisburg-) Meiderich. Eine eigene Handels- und Schifffahrtsorga-

Schloss Landsberg bei Essen-Kettwig war der Wohnsitz von August Thyssen bis zu seinem Tod 1926.

nisation wird aufgebaut, und der Konzern ist vor dem Ersten Weltkrieg führender Eisen- und Stahlproduzent nach Krupp. Er übersteht die schwierige Nachkriegszeit mit Inflation und Reparationszahlungen, doch aufgrund von Kapitalbedarf und Überkapazitäten auf dem Stahlmarkt stimmt August Thyssen noch vor seinem Tod 1926 der Einbringung wesentlicher Teile seiner Unternehmen in den neuen Konzernzusammenschluss der Vereinigten Stahlwerke AG zu.

Sein Erbe fällt an die beiden Söhne Fritz und Heinrich. Während Fritz die Leitung des Thyssen-Konzerns übernimmt, lehnt sein Bruder Heinrich Thyssen (1875–1947) diese Trustbildung ab und gründet mit seinen geerbten Firmenanteilen ein eigenes Unternehmen. Er heiratet die ungarische Baronesse Margareta Bornemisza und wird als Kunstsammler international bekannt. Als Unternehmer wirkt er bewusst in der Anonymität, und die meisten Firmen werden in der selbstständigen Unternehmensgruppe Thyssen-Bornemisza organisatorisch vereint, die sich zu einer vorwiegend international tätigen Holding für zahlreiche, breitgefächerte industrielle und Dienstleistungsaktivitäten entwickelt. Das Museum Thyssen-Bornemisza in Madrid beherbergt heute große Teile der legendären Kunstsammlung, die Heinrich Thyssen-Bornemisza und sein Sohn Hans Heinrich zusammengetragen haben.

Von Bauern zu Arbeitern – das Ruhrgebiet im Wandel der Zeit

Fritz Thyssen (1873–1951) unterstützt als einer der ersten deutschen Unternehmer die Nationalsozialisten finanziell, und mit zahlreichen anderen Industriellen fördert er Adolf Hitler auf seinem Weg zur Reichskanzlerschaft. Nach der anfänglichen Unterstützung der nationalsozialistischen Politik zieht Thyssen sich jedoch aus der Zusammenarbeit mit der NSDAP zurück. 1935 legt er alle Parteiämter nieder, wendet sich gegen Hitlers Kirchenpolitik sowie die Judenverfolgung und nimmt nach dem Überfall auf Polen im September 1939 als einziger Reichstagsabgeordneter nicht an der einberufenen Sitzung teil, sondern spricht sich in einem Telegramm an Göring gegen den Krieg aus. Anschließend verlässt er mit seiner Frau Deutschland und geht ins Schweizer Exil, wo ihnen 1940 die deutsche Staatsangehörigkeit aberkannt wird. Nach der Besetzung Frankreichs wird Thyssen in Südfrankreich verhaftet, nach Deutschland gebracht und bis Kriegsende in Gefängnissen und Konzentrationslagern inhaftiert. Anschließend wird er zunächst von Alliierten interniert, 1948 jedoch wieder freigelassen, erhält den von den Nazis konfiszierten Besitz zurück und verlässt Deutschland, um ins Exil nach Argentinien zu gehen, wo er 1951 stirbt. Die Zeit des Familienunternehmens ist damit beendet. Nach einer Neugründung der August-Thyssen-Hütte AG 1953 kam es zu zahlreichen weiteren Fusionen. Die 1999 entstandene ThyssenKrupp AG ist heute ein Marktführer der Stahlbranche, und das Hochofenwerk in Duisburg-Meiderich wurde nach seiner Schließung 1985 in den Landschaftspark Duisburg-Nord umgewandelt, einen Ankerpunkt der »Route der Industriekultur«.

Hoesch

Was Krupp für Essen und Thyssen für Duisburg bedeutet, das ist die Familie Hoesch für Dortmund. Das Unternehmen Hoesch hat nicht nur den Stahlstandort Dortmund für Jahrzehnte entscheidend geprägt. Über

Generationen ist das Familienunternehmen zuvor mit
Eisen und Stahl verarbeitenden Betrieben in der Eifel
ansässig. Eberhard Hoesch (1790–1852) zählt zu den
ersten Lieferanten von Eisenbahnschienen, und sein
Werk bei Düren gehörte zu den modernsten seiner
Zeit. Nach seinem Tod übernimmt 1852 sein Neffe
Leopold Hoesch (1820–1899) die Unternehmenslei-
tung und gründet 1871 in Dortmund das Eisen- und
Stahlwerk Hoesch, die spätere Westfalenhütte, weil er
hier die entscheidenden Standortfaktoren Kohlevorkommen sowie die z.T. bereits vorhandene Infrastruktur erkennt. Leopold überträgt die Werksleitung seinem Sohn Albert Hoesch (1847–1898), der bereits im
November 1871 mit einer Belegschaft von 320 Arbeitern den Betrieb aufnehmen kann. Doch das Stahlwerk
gerät bereits kurz nach Betriebsaufnahme in den Sog
der Wirtschaftskrise nach dem Wiener Börsenkrach
von 1873. Das Werk übersteht die Krise, braucht aber
Jahre für die wirtschaftliche Erholung. Zu dieser Zeit
liegt die Jahresproduktion bei 48.000 Tonnen Stahl.
Noch in der Anfangskrise wandelt Leopold Hoesch
sein Dortmunder Werk in eine Aktiengesellschaft um
und erweitert es mithilfe fremden Kapitals. Er will sich
mit Hochöfen, Kokerei und Kohlenzechen von seinen
Zulieferern unabhängig machen und die Weiterverar-

Das Eisen- und Stahl-
werk Hoesch in Dort-
mund 1925

Von Bauern zu Arbeitern – das Ruhrgebiet im Wandel der Zeit

beitung ausweiten. Alberts Frau Marie Johanna Hoesch (1852–1916) engagiert sich stark sozial, gründet einen Kindergarten, fördert die Frauenbildung, hilft bei Wohltätigkeitsvereinen mit und gründet nach dem frühen Tode ihres Mannes die Albert-Hoesch-Stiftung für notleidende Hoeschianer-Familien. 1895 geht Hoesch an die Börse und die Familie verliert mit der Zeit durch zahlreiche Kapitalerhöhungen und Fusionen die Aktienmehrheit. Albert Hoesch widmet sich derweil mit großem Engagement der Leitung des Werks und wohnt sogar mit seiner Frau in einer Villa auf dem Firmengelände, doch seine Arbeitswut hat ihren Preis: Er stirbt bereits 1896 im Alter von 51 Jahren.

Ein Jahr nach dem frühen Tod Alberts stirbt auch sein Vater Leopold, »der alte Hoesch«, was auch das Ende des prägenden Einflusses der Familie auf die Entwicklung des Unternehmens bedeutet. Die Gesamtleitung der Dortmunder Werke wird an Friedrich Springorum (1858–1938) übertragen. Unter seiner Leitung erwirbt das Unternehmen 1899 die Gewerkschaft

---

Karl Hoesch

Eine Person namens Karl hat es in der Industriellen-Familie Hoesch nie gegeben. Er wurde von Hoeschianern erfunden, denn schließlich trug »ihr« Unternehmen auch nach dem Tod des »alten Hoesch« weiter seinen Namen, und so wurde Karl Hoesch zu einer festen Redewendung. Man arbeitete »bei Karl Hoesch«, den Lohn zahlte »Karl Hoesch«, man wohnte »bei Karl Hoesch« und er unterstützte auch den Ausbau der Gartenlaube mit Baumaterial vom Firmengelände, denn »davon wird Karl Hoesch nicht arm!« Karl Hoesch ist ein umgänglicher, fürsorglicher Patriarch, der auf seine Mitarbeiter achtet, aber auch mal fünf gerade sein lässt. Andererseits ist Karl Hoesch auch Unternehmer, der zu seinem Wort steht, Liefertermine einhält und Qualität liefert. Mit seinem Stahl gibt es keinen Ärger. Auch in großen Teilen der produzierenden Industrie spricht man synonym von »Karl Hoesch«, wenn es um den Kauf qualitativ hochwertigen Stahls aus deutscher Fertigung geht oder im engeren Sinn aus Dortmunder Produktion. Insofern ist die Personalisierung »Karl Hoesch« einerseits ein Insider-Scherz, andererseits steht er als Kürzel für »Stahl von Hoesch«.

Westfalia. Damit besitzt Hoesch eigene Zechen (Kaiserstuhl I und II) und ist in der Kohleversorgung nicht länger von den Bedingungen des 1893 gegründeten Rheinisch-Westfälischen Kohlensyndikats abhängig. 1906 übernimmt Springorum das Amt des Generaldirektors und wird Alleinvorstand der Eisen- und Stahlwerke Hoesch AG. Mit seinem Namen ist die Expansion der Firma Hoesch eng verbunden, das Werk wächst mit dem neuen Kapital: Thomas-Stahlwerk, Siemens-Martin-Öfen, Walzwerke, Hochöfen und eine Kokerei entstehen ebenso wie eine repräsentative Hauptverwaltung. In der Nähe des Werks wächst auch das Hoesch-Viertel, um der steigenden Zahl der »Hoeschianer« Wohnraum bieten zu können.

Die Zwischenkriegszeit übersteht Hoesch und bleibt, ebenso wie Krupp, dem Trust der Vereinigten Stahlwerke AG fern. Auch im Umgang mit den Nationalsozialisten verfolgt man eine ähnliche Politik wie der Konkurrent in Essen: Man arrangierte sich, klagt über Einmischungen, profitiert von Rüstung und Krieg und beschäftigt Zwangsarbeiter. In den 1950er-Jahren des sogenannten Wirtschaftswunders erlebt auch Hoesch einen beispiellosen Aufschwung und erhöht die Zahl der Mitarbeiter auf 30.000, mehr als je zuvor. 1966 übernimmt das Unternehmen auch noch die örtliche Konkurrenz, die als Hüttenunion vereinten Werke Dortmunder Union und Hörder Verein und macht Dortmund zur Hoesch-Stadt. Damit erreicht das Unternehmen den Höhepunkt der Firmengeschichte, die Stahlproduktion verdoppelt sich, ebenso wie die Zahl der Hoeschianer: 64.000. 1991 wird die Hoesch AG im Zuge der ersten feindlichen Übernahme der deutschen Wirtschaftsgeschichte vom Krupp-Konzern übernommen, der bereits 1997 mit Thyssen zur ThyssenKrupp AG fusioniert, was aufgrund der besseren Verkehrsanbindung Duisburgs schließlich das Aus für den Stahlstandort Dortmund bedeutet. Im Jahr 2000 wird die Kokerei Kaiserstuhl geschlossen, und 2001 gibt es den

Arbeitersiedlung und Gartenstadt

Arbeitersiedlungen sind heute als Denkmäler geschätzt und dienen als touristische Attraktionen der industriellen Kulturlandschaft, entstanden sind sie aus der sozialen Not vieler Menschen, die im 19. und 20. Jh. ins Ruhrgebiet kommen, um hier in den Zechen und Fabriken zu arbeiten und eine neue Heimat zu finden. Die einsetzende Wanderungsbewegung der angeworbenen Zuwanderer führt zu einem dramatischen Wohnungsmangel, und es drohen Seuchen und Epidemien. Die Werksbesitzer müssen reagieren und bauen die ersten Arbeitersiedlungen unweit der Zechen. Mit den günstigen, werkseigenen Wohnungen wollen die Arbeitgeber qualifizierte Facharbeiter an den Betrieb binden, und häufig sind die Arbeitsverträge auch mit den Mietverträgen gekoppelt. Die Rechnung geht auf; die für das Ruhrgebiet typischen Zechenkolonien entwickeln sich zu eigenen Stadtteilen. Um 1900 lebt rund jeder fünfte Arbeiter und sogar jeder dritte Bergarbeiter in einer der über 25.000 Siedlungswohnungen. Durch große Familien, Kostgänger und Untermieter sind viele Wohnungen so überbelegt, dass sich die Schichtarbeiter die Betten teilen. Dennoch werden die Zugewanderten in den Kolonien heimisch und wechseln ihre Stelle erheblich seltener.

Bereits in den Gründerjahren besitzen alle großen Arbeitgeber wie die Gutehoffnungshütte, Krupp, Thyssen oder Haniel eigene Wohnungsgesellschaften. Dabei sind die ersten Siedlungen, die im frühen 19. Jh. entstehen, hauptsächlich monoton wirkende, enge Reihensiedlungen mit zweistöckigen Häusern. Typisch sind die aus Backstein gebauten Häuser mit jeweils zwei bis vier Wohnungen, je um 50 qm groß, eigenen Eingängen und drei bis vier Zimmern. Die Schlafzimmer befinden sich meist im oberen Stockwerk, damit die Schichtarbeiter tagsüber in Ruhe schlafen können. Meist stehen die Häuser nebeneinander gereiht und sind durch schmale Fußwege miteinander verbunden. Hinter den Häusern befinden sich die Gartenparzellen mit Ställen, in denen die Familien Gemüse, Kartoffeln und Obst anbauen und ein Schwein oder eine Ziege, die sogenannte Bergmannskuh, halten können. Besonders für die Zuwanderer aus ländlichen Gebieten bietet dies einen zusätzlichen Anreiz. Die älteste Zechenkolonie des Ruhrgebiets ist die Kolonie Eisenheim, die 1846 nahe der Gutehoffnunghütte in Oberhausen erbaut wurde, weitere Beispiele für frühe Kolonien sind die Siedlung Ziethenstraße in Lünen und in Teilen auch Flöz Dickebank in Gelsenkirchen. Als erste Arbeitersiedlung Westfalens gelten die Gebäude der Eilper Klingenschmiede Lange Riege in Hagen, die bereits 1666 fertiggestellt wurden.

Um die Jahrhundertwende entwickeln Architekten ein Interesse am Siedlungsbau und kritisieren die geometrisch starren Bebauungspläne. Mit der Idee der Gartenstadt, die Anfang des 20. Jh.s von England nach Deutschland schwappt, tritt der ästhetische und künstlerische Gesamtentwurf vor den reinen Nutzwert. Die Häuser sollen in Gärten und ins Grüne einbettet werden, eine lockere Bauweise und Einfamilienhäuser werden bevorzugt. Die Siedlungsplaner im Ruhrgebiet übernehmen diese Gartenstadt-Ideen: Straßen und Wege werden geschwungen angelegt und mit Plätzen verbunden. Die Häuser werden nicht isoliert betrachtet, sondern in Gruppen angeordnet, sie sollen variieren. Solche Gartenstadt-Einflüsse finden sich zum Beispiel in der Siedlung Welheim in Bottrop, in der Alten Kolonie Eving in Dortmund, in der Siedlung Teutoburgia in Herne oder in der Siedlung Fürst Leopold in Dorsten. Musterbeispiel ist die vom Architekten Robert Schmohl in Bochum-Hordel entworfene Bergarbeitersiedlung Dahlhauser Heide, bei der er die Idee der Gartenstadt mit dem Heimatstil verbindet und eine Arbeitersiedlung mit dörflichem Charakter entwirft. Bei der noch bekannteren Siedlung

Margarethenhöhe handelt es sich um einen Sonderfall, denn das Vorzeigeviertel im Essener Süden ist streng genommen keine Arbeitersiedlung und zählt nicht zum Werkswohnungsbau, sondern wurde von der privaten Margarethe-Krupp-Stiftung errichtet, die sich für die »Wohnungsfürsorge minderbemittelter Klassen« einsetzt. Mit Baubeginn 1906 kann Architekt Georg Metzendorf frei schalten und walten, denn durch einen Regierungsbeschluss ist das Siedlungsprojekt von allen damals geltenden Bauvorschriften befreit. Neben der Gartenstadt-Idee prägt der romantische, süddeutsche Einfluss das Bild der Siedlung. Die Häuser sind wie in einer dörflichen Siedlung angeordnet. Die Wohnungen sind für damalige Verhältnisse fast schon luxuriös ausgestattet, unter anderem mit Kachelofenheizung und Wasserklosett. Seit 1948 ist die Margarethenhöhe ein eigenständiger Stadtteil Essens.

Die Siedlung Teutoburgia in Herne

letzten Hochofenabstich auf der Westfalenhütte. Seit Beginn der 1970er-Jahre reduziert sich die Zahl der Dortmunder Mitarbeiterschaft um rund 50.000, Kokerei, Hochöfen und Walzstraßen sind heute großenteils nach China verschifft und das Gelände der größten Industriebrache Europas, der ehemaligen Phönix-Hütte im Ortsteil Hörde, wird zu einem neuen Wohngebiet mit einem großen See umgestaltet.

Franz Dinnendahl

Neben diesen großen Pionieren und Industriellen-Dynastien gibt es zahlreiche weitere Industriepioniere, Unternehmer, Ingenieure und Beamte, die die Entwicklung des Ruhrgebiets entscheidend geprägt haben. So ist es etwa der aus Steele (heute Ortsteil von Essen) stammende, technikfaszinierte Franz Dinnendahl (1775–1826), dem es 1801 auf der Zeche Vollmond in Bochum-Langendreer gelingt, die erste Dampfmaschine im Ruhrbergbau zusammenzubauen und damit die wichtigste Voraussetzung für den Kohleabbau in großen Tiefen zu schaffen, denn diese Basisinnovation ermöglichte die Ablösung von unzuverlässigen natürlichen Antriebskräften.

Freiherr vom Stein

Den administrativen Boden für die wirtschaftliche Entwicklung bereitete Heinrich Friedrich Karl Reichsfreiherr vom und zum Stein (1757–1831), der als preußischer Verwaltungsbeamter in der Grafschaft Mark 1792 erster Direktor des westfälischen Oberbergamtes in Wetter an der Ruhr wird. Auf einer Reise nach England lernt er den dortigen Bergbau sowie die Fortschritte der industriellen Revolution kennen und kann seine Erkenntnisse nach seiner Rückkehr nutzen. Im Auftrag Berlins setzte er preußische Reformen um wie etwa die kommunale Selbstverwaltung. Unter vom Stein wurde dem Direktionsprinzip zum Durchbruch verholfen. Der Staat nahm dadurch mehr Einfluss auf die Zechen, die Lohnregelung, die Berufungs- und Entlassungspraxis sowie den Betriebszustand der Gruben, der nun kontrolliert wurde. Vom Stein ist auch verantwortlich für die Schiffbarmachung der Ruhr, lässt als einer der ersten in Deutschland einige Meilen befestigter Chausseen anlegen und verzichtet dabei auf die sonst übliche Fronarbeit. Stein ist zuständig für eine umfassende Steuerreform, die eine Verringerung der Abgaben bedeutet, und er sorgt für eine Liberalisierung der Verkehrs- und Gewerbebestimmungen. Darüber hinaus ist er zuständig für die Förderung der Wirtschaft durch den Abbau von Vorschriften, Zöllen und anderen ökonomischen Hemmnissen. Nicht zuletzt treibt er auch die Säkularisation der geistlichen Territorien z.B. in Essen und Werden voran.

Freiherr vom Stein, Denkmal am Rathaus Wetter (Ruhr)

Friedrich Harkort

Die Auflösung feudaler Strukturen und das Aufleben des freien Kapitalismus sind der Beginn zahlreicher Unternehmensgeschichten. So gilt etwa Friedrich Harkort (1793–1880) als »Vater des Ruhrgebiets«. Der Spross einer alten Hagener Händlerfamilie mit Kontakten zu den wichtigen Familien in der Region wird zu einem der führenden Unternehmer der Frühindustrialisierung. Anhand von einschlägigen Zeitschriften und Büchern aus England hatte Harkort sich zwischenzeitlich über den Stand der dortigen Mechanisierung informiert. Gemeinsam mit dem Kaufmann Heinrich Kamp errichtet er 1819 auf der ehemaligen Burg in Wetter an der Ruhr die Mechanischen Werkstätten Harkort & Co. – das erste

Die Mechanischen Werkstätten Harkort & Co. in der ehemaligen Burg Wetter

Eisenindustrie-Werk in Westfalen. Harkort setzt die Errungenschaften des britischen Maschinenbaus an der Ruhr ein, beschäftigt Fachkräfte und Ingenieure aus dem »Mutterland der Industrialisierung« und erreicht damit große Produktionssteigerungen. Nach dem Muster von Harkorts Fabrik werden bald darauf in der Umgebung Eisengießereien, Puddel- und Walzwerke, Maschinen- und Dampfkesselfabriken errichtet. Die Hauptabnehmer seiner Erzeugnisse sind die aufstrebenden Zechen an der Ruhr. Der umtriebige Unternehmer setzt sich auch energisch für den Eisenbahnbau ein und gründet 1831 die erste deutsche Eisenbahn-Aktiengesellschaft, die Prinz-Wilhelm-Eisenbahn-Gesellschaft. Als Erster in Deutschland erkennt und propagiert er die wirtschaftlichen Vorteile und das Zukunftspotenzial der Eisenbahn als Massengüter-Transportmittel und wirbt dafür in seiner Schrift »Die Eisenbahn von Minden nach Köln« von 1833. Neben seiner unternehmerischen Tätigkeit ist sein Wirken als fortschrittlich-liberal eingestellter Politiker, Sozialreformer und Publizist von Bedeutung. Sein soziales Engagement bringt er als Abgeordneter in den Parlamenten der Preußischen Nationalversammlung und des Reichstags ein. Vor allem die Lösung der Sozialen Frage, die Verbesserung der Situation der Fabrikarbeiterschaft, das Verbot aller Kinderarbeit, die Gewinnbeteiligung der Arbeiter und der Ausbau von Bildungsmöglichkeiten liegen ihm am Herzen.

William Thomas Mulvany
Die Zeit des Aufbruchs macht sich auch der aus Irland stammende Ingenieur William Thomas Mulvany (1806–1885) zunutze. Zwischen 1854 und 1877 organisiert er den Einsatz innovativer und effizienter englischer Bergbautechnik auf verschiedenen Zechen der Emscherregion, von denen drei in ihren Namen auf seine Heimat anspielen: Hibernia (lateinischer Name für Irland) und Shamrock (Kleeblatt) in Herne und Erin (lateinische

Form des gälischen Ausdrucks für Irland) in Castrop-Rauxel. Früh erkannte er die Ergiebigkeit der Kohlevorkommen und setzte sich für Schutzzölle ein, um die deutsche Industrie vor englischer Konkurrenz zu schützen. Bis zu seinem Tod zählt er als Unternehmer und Wirtschaftspolitiker zu den Spitzenmanagern der deutschen Wirtschaft.

Franz Haniel

Vornehmlich im rheinsch geprägten Teil des Ruhrgebiets ist Franz Haniel (1779–1868) als Unternehmer tätig. Seine Eltern leiten einen Kolonialwarenhandel mit einer Spedition in Ruhrort (heute Duisburg), wo das ehemalige Stammhaus heute das Haniel-Museum beherbergt. 1808 gründet er gemeinsam mit seinem Bruder Gerhard sowie seinen Schwägern Gottlob Jacobi und Heinrich Arnold Huyssen die Hüttengewerkschaft und Handlung Jacobi, Haniel & Huyssen (JHH) in Sterkrade (heute Oberhausen), aus der später die Gutehoffnungshütte (GHH) hervorgeht. Das erste deutsche Montanunternehmen entsteht als Zusammenschluss der drei Hütten Neu-Essen, Gute Hoffnung und St. Antony, der ersten, bereits 1758 gegründeten Eisenhütte des Ruhrgebiets. Mit dem Bau von Dampfmaschinen und -schiffen, Schienen und Brücken leistet die JHH einen wichtigen Beitrag zur Industrialisierung des Ruhrgebiets, und 1840 produziert das Unternehmen seine erste Lokomotive, die »Ruhr«. Die JHH expandiert, baut Hochöfen und Walzwerke und betreibt Erzgruben. Eine historische Pionierleistung gelingt Haniel 1834 mit der Durchdringung der Mergelschicht durch den Einsatz der Dampfmaschine, mit der die großen Mengen eindringenden Grubenwassers abgepumpt werden. 1847 eröffnet er die Zeche Zollverein in Essen und hat damit sein Ziel der Kohleversorgung seiner Hüttenwerke mit Kokskohle erreicht. Die Gleisanlagen der Köln-Mindener-Eisenbahnlinie liegen so günstig, dass die Kohle von der Zeche preiswert nach

Von Bauern zu Arbeitern – das Ruhrgebiet im Wandel der Zeit

Ruhrort transportiert werden kann, um dort im Hafen auf eigene Schiffe zum Weitertransport verladen zu werden. Somit hat Franz Haniel die Grundlagen für eine vertikale Integration seines Konzerns geschaffen. Er betreibt eine Spedition, eine Kohlenhandlung, eine Reederei, der mehrere Ruhr- und Rheinschiffe gehören, und er engagiert sich für den Ausbau und die Anbindung des Ruhrorter Hafens ebenso wie für eine Fährverbindung zum linken Rheinufer, denn 1857 gründet er mit der Zeche Rheinpreußen auch noch das erste linksrheinische Bergwerk. Dabei ist Franz Haniel ein typischer Vertreter eines sozial verpflichteten, paternalistischen Kapitalismus, der sich auch um das Wohlergehen der Beschäftigten sorgt. Bereits 1832 gründet er eine Unterstützungskasse für Arbeiter, die diese im Fall von Krankheit oder Unfall absichern sollte. Die JHH errichtet auch Häuser in der Nähe ihrer Zechen für die Stammbelegschaft. So entsteht 1844 die Siedlung Eisenheim in Oberhausen-Osterfeld, die heute unter Denkmalschutz steht.

Mathias Stinnes

Ein weiterer großer Pionier der Schifffahrt auf Rhein und Ruhr ist Mathias Stinnes d. Ä. (1790–1845). Erste Erfahrungen sammelt der Sohn eines Ruhrschiffers als Schiffergehilfe beim Kohletransport auf der Ruhr, bevor er mit seinen Brüdern eine Kohlenhandlung in Mülheim gründet. 1810 erwirbt er einen Kohlenplatz sowie eine zweimastige Ruhraak und transportiert damit Kohle und Waren aller Art. Bereits 1820 gehören zum Mathias-Stinnes-Konzern vier Bergwerke und 36 Bergwerksbeteiligungen. An Rhein und Ruhr gehören über 65 Binnenschiffe zur Stinnes-Flotte. 1831 erwirkt er die Zollfreiheit der Rheinschifffahrt und richtet eine regelmäßige Verbindung zwischen Köln und Arnheim ein. Mit seinem Dampfschiff revolutioniert Stinnes ab 1843 die Rheinschifffahrt und die Zielhäfen der Seetransporte sind Hamburg sowie Stettin. Als Stinnes 1845 stirbt, gilt er als größter Reeder zwischen Koblenz und Amsterdam. Seinen Söhnen Mathias d. J. (1817–1853) und Gustav (1826–1878) hinterlässt er die größte deutsche Handelsflotte, die Beteiligung an 40 Bergwerken sowie umfangreichen Landbesitz.

Friedrich Grillo

Auch der Essener Industrielle Friedrich Grillo (1825–1888) hat die Entwicklung des Ruhrgebiets in der Gründerzeit maßgeblich geprägt. Der Sohn einer angesehenen Essener Kaufmannsfamilie übernimmt das väterliche Unternehmen und wird neben Alfred Krupp der zweitreichste Essener Bürger. Der Aufbau seines Montanimperiums beginnt mit der Beteiligung an über 20 Bergwerksgesellschaften, und seit der Gründung des Bochumer Vereins 1854 hat er dort einen Sitz im Aufsichtsrat. 1865 bringt Grillo Bergwerksfelder nördlich der Emscher in die Gelsenkirchener Gewerkschaft Blücher ein, die in Nordstern umbenannt wird, da sie zu diesem Zeitpunkt die nördlichste Zeche im Ruhrgebiet ist. So stellt Grillo durch zahlreiche Betriebsgründungen die Weichen für die industrielle Entwicklung Gelsenkirchens, angefangen mit Zechengründungen über Eisenhütten bis hin zum chemischen Betrieb und der Glasmanufaktur. Durch gute Verbindungen zu Kölner und Berliner Banken setzt Grillo die Aktiengesellschaft als Unternehmensform im Ruhrgebiet durch und begründet somit die Politik der Verflechtung von Bankkapital und Industrieunternehmen. Er wird damit zum Vertreter eines neuen Unternehmertyps, der das Ziel der Massenproduktion durch Großkonzerne ermöglicht. Nach seinem Tod 1888 löst seine Witwe Wilhelmine Grillo das Versprechen ihres Mannes ein und stiftet ein Grundstück in zentraler Lage seiner Heimatstadt für den Bau eines Thea-

Friedrich Grillo (1825–1888)

ters, den sie mit mehr als zwei Dritteln der Kosten finanziert. 1892 wird das Essener Grillo-Theater eröffnet, der heutige Spielort des Schauspiels Essen.

Emilie Flottmann

Eine der wenigen Unternehmerinnen in der Geschichte der Ruhrindustrie ist Emilie Flottmann (1852–1933). Die aus Dortmund stammende Frau des Bochumer Unternehmers Friedrich Heinrich Flottmann übernimmt nach dessen Tod 1899 die Geschäfte der Fabrik für Metallgießerei, Armaturenfertigung und Maschinenbau. Als Alleinerbin trifft sie nach einem Werksbrand zusammen mit ihrem ältesten Sohn Otto Heinrich die Entscheidung, das Werk nach Herne zu verlegen. Bekannt wird das Unternehmen durch die Konstruktion eines der wichtigsten Werkzeuge im Kohlebergbau, des Presslufthammers. 1904 erhält Flottmann das Patent, und der Flottmann-Bohrhammer erlangt Weltruf, da mit seiner Hilfe die Fördermengen pro Bergmann erheblich steigen – in den 1930er-Jahren ist fast die gesamte Kohleförderung des Reviers mechanisiert. Emilie Flottman überträgt die Geschäftsführung zwar ihrem Sohn, der die Flottmann-Werke 1917 in eine Aktiengesellschaft umwandelt, doch seine Mutter wird stellvertretende Vorsitzende im Aufsichtsrat der Gesellschaft und bleibt bis zu ihrem Tod im Jahr 1933 auf diesem Posten.

Mehr Arbeit für mehr Menschen – die Zuwanderung

Die **sozialen Veränderungen**, die die Industrialisierung mit sich bringt, sind tiefgreifend. Eine agrarisch geprägte Gesellschaft verändert sich zur Industriegesellschaft mit einer neuen Klasse, den zuwandernden Arbeitern, die in den Großbetrieben Beschäftigung finden. Aus kleinen Dörfern in der Nähe der Fabriken werden schnell große Städte, Industriereviere und Ballungszentren entstehen. Seit Beginn der Industrialisierung ziehen die Zechen als die Keimzellen der

Starke Frau am Herd – Henriette Davidis

Historisch betrachtet gibt es keine Ruhrgebietsküche, denn beim Kochen treffen binnenländisch westfälische Traditionen (z.B. »Pfefferpotthast«) mit Einflüssen aus Norddeutschland auf rheinländische (z.B. »Miesmuscheln rheinischer Art«), die durch den Austausch mit Belgien und Holland geprägt sind. Zudem haben die zahlreichen Zuwanderer aus den preußischen Ostprovinzen und Polen ebenso ihre Spuren hinterlassen (z.B. »Königsberger Klopse«) wie auch die vielen anderen Nationalitäten. Henriette Davidis (1802–1876) aus Wengern (heute Ortsteil von Wetter) gilt als die berühmteste Kochbuchautorin Deutschlands im 19. Jh. Während in den Hügeln an der Ruhr nach Kohle gegraben wird

Henriette Davidis (1801–1876)

und die industrielle Revolution sich im Ruhrgebiet ankündigt, erscheint 1845 ihr Hauptwerk mit dem Titel »Praktisches Kochbuch. Zuverlässige und selbstgeprüfte Recepte der gewöhnlichen und feineren Küche. Practische Anweisung zur Bereitung von verschiedenartigen Speisen, kalten und warmen Getränken, Gelees, Gefrornem, Backwerken, sowie zum Einmachen und Trocknen von Früchten, mit besonderer Berücksichtigung der Anfängerinnen und angehenden Hausfrauen« in einer Auflage von 1.000 Exemplaren. Schon bei der sechsten Auflage werden 10.000 Exemplare gedruckt, spätere Auflagen umfassen bis zu 40.000. Das Buch gehört fortan zur Grundausstattung deutscher Haushalte und ist nur ein Teil eines umfassenden Erziehungs- und Bildungsprogramms, das Henriette Davidis für Mädchen und Frauen konzipiert. Von der Puppenköchin über die junge unverheiratete Frau bis zur Hausfrau mit eigener Verantwortung für Haushalt und Personal boten ihre Bücher sich als Lehrbücher und Nachschlagewerke an. Sie will mit ihren Büchern der Hausfrau und Mutter dazu verhelfen, dem bürgerlichen Frauenideal zu entsprechen. Ihre schriftstellerische Tätigkeit schreibt die traditionelle Rolle der Frau als Hausfrau und Dienerin des Mannes fest. In ihrem eigenen Leben bedient sie dieses Rollenbild nicht. Während sie ihre Bücher verfasst, ist sie als Hauswirtschaftslehrerin, Erzieherin und Gouvernante tätig. Henriette Davidis bleibt unverheiratet und lebt als berufstätige Frau und erfolgreiche Autorin. Noch heute erinnern das Henriette-Davidis-Museum in Wetter-Wengern und eine Schriftenreihe an sie, und das Deutsche Kochbuchmuseum im Dortmunder Westfalenpark widmet ihr einen großen Teil seiner Ausstellung.

Von Bauern zu Arbeitern – das Ruhrgebiet im Wandel der Zeit

Schwerindustrie Arbeitsmigranten an, ohne deren Arbeitsleistung sich die Großindustrie des Ruhrgebiets nicht hätte entwickeln können. Die Unternehmen wachsen schnell, und mit den Unternehmen wächst im 19. Jh. auch die Bevölkerung des Ruhrgebiets stetig an. Zunächst kommen die Zuwanderer aus angrenzenden Regionen wie dem Rheinland, Westfalen oder dem Münsterland. Die ersten Ausländer sind Bergleute aus Belgien, Nordfrankreich, England, Irland und Schottland. Anschließend zieht es viele Arbeitskräfte aus Richtung Osten in die Region, und nach dem Zweiten Weltkrieg sind es Länder im Mittelmeerraum, aus denen es Arbeitsuchende ins Ruhrgebiet lockt.

Die erste Zuwanderungswelle

In der ersten großen Phase der Industrialisierung (1880–1914) sind es vor allem Arbeitsuchende aus Polen und den preußischen Ostprovinzen, die den sprunghaft gestiegenen Bedarf an Industriearbeitern decken. Man fasst sie unter dem Sammelbegriff der »Ruhrpolen« zusammen und erfindet den herabwürdigenden Begriff »Pollacken«. Die durch Werbekampagnen aus den Ostgebieten ins Ruhrgebiet Gelockten sind zwar von Sprache und Kultur her polnisch geprägt, besitzen aber die deutsche Staatsangehörigkeit und damit Bürgerrechte. Sie kommen aus überwiegend ländlichen Gebieten und finden sich schwer in die ihnen fremde Industrielandschaft ein. Die Zuwanderer verteilen sich nicht gleichmäßig über die Region, sondern bilden Schwerpunkte. So lag ihr Anteil in Wanne, einem heutigen Ortsteil von Herne, bei 29 %, während er etwa in Hagen bei nur 4,1 % lag. Meist wohnen die Rekrutierten, landsmannschaftlich getrennt, in ghettoähnlichen Arbeitersiedlungen (s. S. 60). Der Ruhrkohlenbezirk wächst zum größten industriellen Ballungszentrum Europas an. Die alten Städte am Hellweg erwachen zu neuer Blüte, vormalige Dörfer entlang der Emscher entwickeln sich zu Großstädten. Die Einwohnerzahl steigt

Schlagende Wetter und fallende Vögel

Als »Wetter« bezeichnet der Bergmann die Zusammensetzung der in einem Bergwerk befindlichen Luft. Steigt der Anteil des besonders im Steinkohlebergbau unter Tage austretenden, brennbaren Grubengases (Methan) auf einen Mischungsanteil von 5–15 %, besteht Explosionsgefahr und man spricht vom »schlagenden Wetter«. Schon ein Funke kann ausreichen, dieses Gemisch zu entzünden. Durch Kohlenstaub- und Schlagwetterexplosionen kam es in der Geschichte des Kohlebergbaus immer wieder zu tragischen Grubenunglücken mit hohen Opferzahlen. Andere Formen von Grubenunglücken sind Kohlebrände, Wassereinbrüche, Stolleneinstürze und Austritte giftig oder erstickend wirkender Gase. Das schwerste Unglück auf dem europäischen Kontinent ereignete sich 1906 im Bergwerk von Courrières in Frankreich und forderte 1.099 Tote. Trotz wachsender nationalistischer Spannungen zwischen beiden Ländern machten sich spontan Grubenwehren aus Ruhrgebietszechen auf den Weg, um dort Hilfe zu leisten und stellten damit ihre bergmännische Solidarität unter Beweis. Zu den schwersten Grubenunglücken in Ruhrbergbau gehören die Explosionen auf der Zeche Radbod in Bockum-Hövel 1908 mit 350 Todesopfern sowie 1946 auf der Zeche Monopol Schacht Grimberg in Bergkamen, wo 405 Menschen starben.

In früherer Zeit nahmen die Bergleute Kanarienvögel als Gaswarner mit in die Grube. Sie dienten als lebende Frühwarnsysteme, denn sie fielen schon bei Einatmung sehr geringer Mengen giftiger Gase wie z.B. Kohlenmonoxid von der Stange. Ursprünglich stammte er von den Kanarischen Inseln und kam Anfang des 18. Jh.s durch zuwandernde Bergleute ins Ruhrgebiet. Nach dem Unglück auf der Zeche Radbod bei Hamm wurden elektrische Grubenlampen eingeführt, um das Explosionsrisiko zu senken. Eine andere technische Neuerung ist die Wassertrogsperre, mit der die Ausbreitung einer Schlagwetterexplosion eingedämmt werden kann. Zur Gefahrenvermeidung gibt es heute strenge Vorschriften, deren Einhaltung von einem für die Bewetterung zuständigen Wettersteiger überwacht wird.

Fördertürme der Zeche Radbod in Bockum-Hövel bei Hamm

Von Bauern zu Arbeitern – das Ruhrgebiet im Wandel der Zeit

von 274.000 im Jahr 1820 bis auf 1,3 Millionen im Jahr 1885. Zwischen 1890 und 1900 kommen allein 150.000 Zuwanderer aus den deutschen Ostgebieten und aus Polen. Im Jahr 1920 gibt es 196 Schachtanlagen mit knapp 470.000 Beschäftigten. Bis 1925 steigt die Gesamteinwohnerzahl der Region auf 4,1 Millionen. Allein bis zum Ersten Weltkrieg nimmt das Ruhrgebiet eine Million Menschen auf. Während der Weltkriege werden massenweise polnische, russische und belgische Kriegs-gefangene und Zwangsarbeiter eingesetzt.

Ein neues Klassengefühl – die Arbeiterbewegung

Mit der Entstehung der neuen sozialen Klasse der Industriearbeiterschaft als Effekt neuer Produktions- und Lebensformen wuchs auch die Notwendigkeit einer Interessenvertretung für diese sich schnell vergrößernde gesellschaftliche Gruppe im Ruhrgebiet. Drängende Probleme in Bezug auf Arbeitsbedingungen und Wohnverhältnisse der Menschen provozierten die Soziale Frage. Die beispiellose Expansion der Unternehmen und der Bevölkerung während der Industrialisierung verlangte immer neue Organisationsformen in Bezug auf den Umgang von Arbeitgebern mit Arbeitnehmern, denn die Rahmenbedingungen für das Verhältnis zwischen den Parteien waren im stetigen Wandel, etwa durch neue Technologien und den damit zusammenhängenden Anforderungen an die Menschen oder aufgrund politischer Voraussetzungen. So waren die Bergleute an der Ruhr

Der Bergmann Heinrich Kämpchen (1847–1912) war Sozialdemokrat und Arbeiterdichter. Er nahm aktiv Teil am Bergarbeiterstreik 1889 und wurde im Rahmen der Sozialistengesetze verfolgt.

bis zur »Bergrechtsreform« von 1865 Angestellte des Staates, die eine Reihe von Privilegien genossen wie etwa eine überdurchschnittliche Versorgung bei Krankheit und Invalidität, garantierten Mindestlohn und eine achtstündige Schicht. Geprägt wurden sie nicht durch ein Klassen-, sondern durch ihr Standesbewusstsein, das sie mit eigenen Uniformen und Traditionen zelebrierten. Erst mit der Liberalisierung bekommen die Unternehmer die Alleinverantwortung über die Bergwerke, und aus den ehemals hoch angesehenen Bergleuten werden freie Lohnarbeiter, die der Willkür der Zechenbesitzer in Bezug auf Lohnhöhe, Arbeitszeit, Arbeitsvertrag und Produktionsmenge schutzlos ausgeliefert sind. Die Arbeitsbedingungen verschlechtern sich drastisch und der Schutz der Privilegien weicht einer ständigen Unsicherheit. Der Unmut der Belegschaften wächst und bildet den Humus für das Entstehen der Arbeiterbewegung und eines Klassenbewusstseins. Allerdings erweist sich das ständische Bewusstsein in Verbindung mit einer ausgeprägten Obrigkeitshörigkeit lange als Hemmschuh für diesen Prozess, den der Bergarbeiter Heinrich Kämpchen (1847–1912) in Gedichten mit Titeln wie »Fühlt euch als Klasse« oder »Weckruf« anmahnt:

> »Mann der Berge, aufgewacht,
> ob im Stollen oder Schacht
> rüste dich zum Freiheitskampf . . .
> Hilf dir selbst, so hilft dir Gott!«

Ein prägendes Strukturmerkmal für das Ruhrgebiet ist dabei das Nebeneinander von sozialdemokratischen und christlichen Gewerkschaften. Eine entscheidende Rolle bei der Entwicklung der christlichen Arbeiterbewegung spielt Bischof Wilhelm Emmanuel von Ketteler (1811–1877), der sich den konkreten Bedürfnissen der Arbeiterschaft zuwendet und Lohnerhöhungen, Arbeitszeitverkürzung, Verbot von Kinderarbeit und Abschaffung der Fabrikarbeit von Frauen fordert. Die christlich-sozialen Arbeitervereine entstehen. Daneben entwickeln sich die sozialdemokratischen Gewerkschaften. Aus der Vereinigung des von Ferdinand Lassalle geprägten »Allgemeinen Deutschen Arbeitervereins« (ADAV) mit der von Karl Marx und Friedrich Engels geprägten »Sozialdemokratischen Arbeiterpartei« (SDAP) geht 1875 die »Sozialistische Arbeiterpartei Deutschlands« (SAP) hervor und wird im Ruhrgebiet zum relevanten Faktor. Bereits 1878 reagiert der Staat auf das Erstarken der Sozialisten mit dem Erlass des repressiven »Gesetzes gegen die gemeingefährlichen Bestrebungen der Sozialdemokratie«. Dieses sogenannte Sozialistengesetz (1878–1890) verbot alle Vereine, organisatorischen Strukturen und Zeitungen, führte jedoch eher zum Erstarken der Bewegung, wie sich beim ersten großen Massenstreik in der Geschichte der Arbeitskämpfe, dem Bergarbeiterstreik 1889, zeigt: 45 Bergleute der Bochumer Zeche Präsident weigerten sich, ihre Arbeit aufzunehmen, um ihrer Forderung nach Lohnerhöhung und Verbesserung von Arbeitsbedingungen Nachdruck zu verleihen. Schnell springt der Funke über und es folgen Arbeitsniederlegungen im gesamten Ruhrgebiet. Zeitweise beteiligen sich etwa 90 % der damals gut 100.000 Bergarbeiter des Reviers an dem Ausstand, und es wird ein zentrales Streikkomitee gebildet. Nachdem die Unternehmer mit ersten Entlassungen reagieren, kommt es zu blutigen Auseinandersetzungen mit Polizei und Militär, bei denen 14 Arbeiter ums Leben kommen. Nachdem der Kaiser den Zechenbesitzern rät, die Forderungen der Streikenden zu erfüllen und schließlich einige Zugeständnisse gemacht werden, flaut der Streik ab, doch entgegen der Beteuerungen der Unternehmer werden Schwarze Listen erstellt, Streikführer und Gewerkschafter anschließend verfolgt, und auch Heinrich Kämpchen erhält fortan keine Arbeit mehr. Dennoch hat der Streik weitreichende Folgen sowohl für die tra-

ditionsverhafteten Arbeiter, denen nun klar wird, dass
sie von der Obrigkeit, der sie so lange vertaut hatten,
nicht mehr viel erwarten konnten, als auch für die kai-
serliche Politik, die mit Sozialreformen eine weitere
Radikalisierung verhindern will. Die Arbeiter erkennen
aufgrund der Streikerfahrungen die Notwendigkeit,
sich besser organisieren zu müssen und gründen den
»Verband zur Wahrung und Förderung der bergmänni-
schen Interessen in Rheinland und Westfalen«. Dieser
Alte Verband mit Sitz in Bochum war der Ausgangs-
punkt für den Durchbruch der Gewerkschaftsbewegung
im Ruhrbergbau. Obwohl er 1889 als Einheitsgewerk-
schaft gegründet wird, bleiben die christlichen Gewerkschaften ein starkes Element der Arbeiterbewegung,
doch mit dem Außerkrafttreten der Sozialistengesetze
1890 beginnt der Aufstieg der SPD zur dominanten
Partei der Arbeiter.

1914 tritt Deutschland mit der Kriegserklärung an
Russland in den Ersten Weltkrieg ein. Dieser erste in-
dustrialisierte Krieg, in dem neuartige Waffen wie Ge-
schütze, Maschinengewehre, Panzer, Kampfflugzeuge
oder U-Boote in gewaltigen Materialschlachten eingesetzt wurden, war wie kein Krieg zuvor abhängig von
der Leistungsfähigkeit der heimischen Industrie. Damit
kommt dem Ruhrgebiet eine entscheidende Schlüssel-
rolle zu, und die Eisen- und Stahlerzeuger stellen ihre
Produktionsanlagen fast vollständig in den Dienst der
Kriegswirtschaft. Das Ruhrgebiet wird zur »Waffen-
schmiede der Nation«. Der harte Einsatz an der
Heimatfront sowie ehrgeizige Waffen- und Munitions-
programme führen zu ähnlich katastrophalen Lebens-
und Arbeitsbedingungen wie in der Anfangszeit der
Industrialisierung, bei gleichzeitig steigenden Preisen.
Kriegsmüdigkeit, Streiks und Aufstände sind die Folge.
Große Teile der Gewerkschaften und der SPD lassen
sich jedoch in den Burgfrieden des Kriegskabinetts
einbinden. Dies führt zur Radikalisierung eines Teils
der Sozialdemokraten und zu ihrer Spaltung. Als sich

Von Bauern zu Arbeitern – das Ruhrgebiet im Wandel der Zeit

1918 abzeichnet, dass der Kaiser den längst verlorenen Krieg noch immer nicht beenden will, kommt es zur Novemberrevolution. Wie in anderen Städten entstehen auch im Ruhrgebiet Arbeiter- und Soldatenräte, der Kaiser muss abdanken, und in Berlin beginnt der Kampf zwischen Rätekommunisten und Sozialdemokraten. Im Ruhrgebiet wird die Forderung nach Verstaatlichung der Betriebe immer radikaler vorgetragen. Um sie zu untergraben, lassen sich die Unternehmer auf ein Abkommen mit den Gewerkschaften ein, in dem die Anerkennung der Gewerkschaften als Vertreter der Arbeiterschaft, der Achtstundentag bei vollem Lohnausgleich und die Bildung von Arbeiterausschüssen in Betrieben mit mehr als 50 Beschäftigten vereinbart wird. Im Gegenzug erkennen die Gewerkschaften die freie Unternehmerwirtschaft an. Es folgt die Gründung der »Zentralarbeitsgemeinschaft der industriellen und gewerblichen Arbeitgeber und Arbeitnehmer« (ZAG), in der Arbeitgeber und Gewerkschaften an einem Tisch sitzen. Mit ihr wird der Tarifvertrag zum allgemein anerkannten Mittel zur Regelung der Arbeitsbeziehungen. Als sich 1920 der Putsch des Militärs gegen die Berliner Republik ankündigt, kommt es im Ruhrgebiet zur Bildung der »Roten Ruhrarmee«, die aus mehr als 50.000 bewaffneten, meist fronterfahrenen Arbeitern gebildet und von der »Kommunistischen Partei Deutschlands« (KPD) sowie der »Unabhängigen Sozialdemokratischen Partei Deutschlands« (USPD) getragen wird. Ihr gelingt es in kurzer Zeit, das aufständische Militär zu entwaffnen und die politische und militärische Macht im Ruhrgebiet zu übernehmen. Die sozialdemokratische Reichsregierung sieht in der linksgerichteten Ruhrarmee allerdings eine Gefahr für die angestrebte parlamentarische Demokratie und fordert ihre Selbstauflösung. Als dies nicht geschieht, schickt Berlin Truppen ins Ruhrgebiet, um den Arbeiteraufstand in einem blutigen Bürgerkrieg niederzuschlagen, der über 1.000 Todesopfer fordert und der

Arbeiter bewaffnen sich im Frühjahr 1920 und leisten bewaffneten Widerstand gegen rechtsnationale Freikorps, die im Zuge des »Kapp-Putsches« in Berlin auch ins Ruhrgebiet vorrücken.

Arbeiterbewegung nachhaltig zusetzt. Das Erstarken und die Machtübernahme durch die Nationalsozialisten führt zu einer Repressionswelle, politisch Aktive werden verhaftet und Gewerkschaften gleichgeschaltet. Die Masse der Bevölkerung erduldet die nationalsozialistische Herrschaft und passt sich an. Nicht wenige unterstützten das System aktiv. In den Nachkriegsjahren kommt es zu mehreren Streiks und Hungermärschen, die vor allem von der Bergarbeiterschaft getragen werden. Auslöser sind Lebensmittelknappheit und die Unzufriedenheit über den Verlauf der Diskussion um die Verstaatlichung der Betriebe. Man ist von der Mitschuld der Konzerne am Nationalsozialismus überzeugt, doch statt auf Enteignung setzt die Bundesregierung auf das Modell der »Sozialpartnerschaft«, um die widerborstige Arbeiterschaft in das parlamentarische System einzubinden. Es folgt der Aufbau der Einheitsgewerkschaften, die an die Stelle der parteiorientierten Richtungsgewerkschaften treten. Mit dem »Tarifvertragsgesetz« entsteht 1949 der gesetzliche Rahmen für die Tarifpolitik, in dem sich Gewerkschaften und Arbeitgeber gegenseitig als Tarifpartner anerkennen. Im 1951 verabschiedeten »Montan-Mitbestimmungsgesetz« wird festgelegt, dass die

Von Bauern zu Arbeitern – das Ruhrgebiet im Wandel der Zeit

Aufsichtsräte der Unternehmen aus der Bergbau- und Montanindustrie zu gleichen Teilen aus Vertretern von Arbeitgeber- und Arbeitnehmerinteressen zusammengesetzt sein müssen. Damit bekommen die Gewerkschaften erstmals Möglichkeiten der Einflussnahme auf die Tarif- und Sozial-politik, allerdings bei gleichzeitiger Entpolitisierung der gewerkschaftlichen Arbeit.

Kriege, Hoffnung und ein schlimmes Ende

Die Industrialisierung im 19. Jh. führt zu einer explosionsartigen Entwicklung der Industrien sowie der Bevölkerung im Ruhrgebiet, das aufgrund seiner Kohlevorkommen, seiner geografischen Lage an wichtigen europäischen Handelswegen und seinem großen Flächenangebot beste Voraussetzungen für die Ansiedlung von Großbetrieben bot. In ländlichen Gebieten mit vereinzelten Gehöften entstanden Industriedörfer rund um große Industrieanlagen. Der Bau von Eisenbahnlinien und Waffen füllte die Auftragsbücher der Montanindustrie im Kaiserreich, doch nach dem verlorenen Ersten Weltkrieg (1914–1918) standen die linksrheinischen Gebiete bereits mit Kriegsende unter der Kontrolle Frankreichs. Als klar wird, dass Deutschland den im »Versailler Vertrag« festgelegten Reparationszahlungen nicht im vollen Umfang nachkommen würde, besetzen Franzosen und Belgier im Januar 1923 auch das Ruhrgebiet. Die Reichsregierung rief daraufhin den passiven Widerstand gegen die Besatzer aus, der mit Generalstreiks die Industrie, Verwaltung und den Verkehr teilweise lahmlegte. Im September 1923 endete der sogenannte »Ruhrkampf« gegen die ungeliebten Siegermächte, und die anderen Alliierten schalteten sich ein. Ein neuer Reparationsplan, der »Dawes-Plan« (1924) wurde angenommen und die Be-

Deutsche Propagandapostkarte aus der Zeit der Besetzung des Ruhrgebiets durch die Franzosen. Zeichnung von Theo Matejko, 1923

Hände weg vom Ruhrgebiet!

satzer zogen wieder ab. Mit der Einführung der Renten-
mark als neuer Währung stabilisierte sich die politische
Lage. In den folgenden Jahren der Weimarer Republik
beginnt die Wirtschaft sich zu erholen und Deutschland
wird wieder zum gleichberechtigten Partner der europäischen Großmächte. Die Weltwirtschaftskrise von
1929, steigende Arbeitslosigkeit und schließlich die
Machtübernahme durch die Nationalsozialisten bringen
jedoch das Ende aller Bestrebungen nach Demokratie,
und der Zweite Weltkrieg steht vor der Tür.

Die Nachfrage nach Rüstungsgütern im Rahmen des
Aufrüstungsprogramms der Nazis bringt die Ruhrwirt-
schaft in Schwung. In zahlreichen Rüstungsbetrieben
werden Munition, Fliegerbomben, Minen, Infanterie-
waffen aller Art, Ausrüstung für Soldaten, Teile für den
Schiffbau, Abwurfgeräte für die Luftwaffe, Spezialstahl
für Kampfflugzeuge und Panzer produziert; in Kohlever-
flüssigungsanlagen werden Schmier- und Treibstoffe
für Heer und Luftwaffe hergestellt, und bei den Chemischen Werken Hüls, die 1938 durch die Bergwerksge-
sellschaft Hibernia und die IG Farben in Marl gegründet
werden, wird synthetischer Kautschuk (Buna) für die
Produktion von Reifen hergestellt, im Volksmund
bekam die Firma daher auch den Beinamen »Gummi-
Pütt«. So ist es auch kaum verwunderlich, dass sich In-
dustriekapitäne und herrschende Schichten in großen
Teilen den aufstrebenden Nationalsozialisten nicht nur
nicht widersetzten, sondern sie trotz teilweise einge-
schränkter Entscheidungsspielräume auch unterstützten. Außerdem profitierten sie durch die Übernahme
ausländischer sowie jüdischer Unternehmen und die
Ausbeutung von Kriegsgefangenen, Zwangsarbeitern
und KZ-Häftlingen. Die sozialdemokratische und kom-
munistische Arbeiterbewegung im Ruhrgebiet wird,
auch mit der Hilfe national gesinnter Polizeipräsidenten
in den Städten, in die Illegalität gedrängt und mundtot
gemacht, sodass die Verfolgung gemeinschaftlicher
Interessen durch Repressionsmaßnahmen der Ord-

nungsmacht unmöglich wird. Opposition ist nur noch im Untergrund, in Organisationen wie den »Edelweißpiraten« möglich, doch die Verfolgungspolitik der Nazis führt nach und nach zur Vereinzelung und zu einer weitgehenden Entpolitisierung der Arbeiterschaft. Man trifft sich in kleinen Gruppen mit Gleichgesinnten oder duldet das Regime, weil es endlich wieder Arbeit gibt und auch aufgrund der scheinbaren außenpolitischen »Erfolge«. Besonders für junge Menschen verheißen neue Organisationsformen, moderne Technik und Massenmedien durchaus einen Ausbruch aus überkommenen Strukturen, und letztlich wird die menschenverachtende Rassenpolitik der Nazis von der Masse der Bevölkerung im Ruhrgebiet genauso stillschweigend toleriert wie im Rest des Landes, denn auch hier brennen Synagogen, werden Transporte in Vernichtungslager organisiert, es gibt Gestapogefängnisse, in denen gefoltert und gemordet wird, sowie Außenstellen von Konzentrationslagern.

Auf eine breite Unterstützung aus der Arbeiterschaft kann die »Nationalsozialistische Deutsche Arbeiterpartei« (NSDAP) im Ruhrgebiet allerdings nicht bauen, denn mit dem Fortschreiten des Krieges, schweren Bombenangriffen auf die Städte, sich weiter verschlechternden Lebensumständen aufgrund von mangelhafter

Notküche hinter dem Hauptbahnhof im zerstörten Essen kurz nach Kriegsende

Versorgung und einem zunehmenden Leistungsdruck in den Industriebetrieben wächst die Verdrossenheit. Die Produktivität der Rüstungsindustrie an Rhein und Ruhr bleibt den alliierten Streitkräften nicht verborgen, und so sind besonders Industrieanlagen wie die Krupp-Werke in Essen bevorzugte Angriffsziele. Allein bei den massiven Luftangriffen wie der fünf Monate andauernden britischen Offensive 1943, die als »Battle of the Ruhr« bekannt ist, werden 15.000 Menschen getötet. Auch Straßen, Bahnanlagen, Brücken und Versorgungssysteme sind häufig Ziele der Bomberpiloten. Mit der Zerstörung des Staudammes der sauerländischen Möhne-Talsperre im Mai 1943 mittels einer speziellen Rollbombe gelingt ein Volltreffer, der eine Flutwelle aus 6.000 Kubikmetern Wasser in das Tal der Ruhr stürzen lässt, die ganze Ortschaften zerstört und über 1.500 Menschen das Leben kostet. In der Kriegsendphase ab September 1944 kam es zu einer weiteren Steigerung des Bombenkriegs, der die Städtelandschaft an der Ruhr in Schutt und Asche legte. Unter den Todesopfern befanden sich nicht nur deutsche Staatsangehörige, sondern auch zahlreiche ausländische Zwangsarbeiter, Kriegsgefangene und Häftlinge aus Konzentrationslagern.

Das Ende des Krieges im Ruhrgebiet bedeutet der sogenannte »Ruhrkessel« im März/April 1945, bei dem alliierte Truppen in einer schnellen Operation vom Rhein aus im Norden und im Süden des Ruhrgebiets nach Osten vordringen, um sich bei Lippstadt zu vereinen, anschließend den Kessel zusammenzudrängen und das Gebiet gegen die letzten erbitterten Widerstände der deutschen Truppen einzunehmen. In Dortmund kommt es noch in den allerletzten Kriegstagen zu Greueltaten der Gestapo, die bei Massenexekutionen im Rombergpark und in der Bittermark etwa 300 Widerstandskämpfer, Zwangsarbeiter und Kriegsgefangene töten. Bei Kriegsende sind fast alle Städte im Ruhrgebiet so schwer zerstört, dass es zu einer großen Wohnungs- und Versorgungsnot kommt.

Strukturwandel – Politik und Wirtschaft seit dem Wiederaufbau

Nach dem Ende des Zweiten Weltkriegs liegen Deutschland und die Wirtschaft am Boden, und besonders das Ruhrgebiet ist durch Bombardierungen schwer getroffen. Die industrielle Produktion ist 1945 aufgrund der Zerstörungen der Industrieanlagen, der Verkehrswege und der Versorgungssysteme fast vollständig lahm gelegt. Rund die Hälfte der Wohnungsbestände in den Städten der Hellwegzone ist zerstört. Gleichzeitig hat sich die Bevölkerungszahl im Vergleich zu 1939 drastisch reduziert. In Dortmund sinkt sie von rund 538.000 auf 304.000, in Duisburg von ca. 434.000 auf etwa 165.000 und in Essen von rund 665.000 auf ca. 310.000. Die alliierte Verwaltung und neue deutsche Behörden sind der Situation zunächst kaum gewachsen. 1946 entschließen sich die Briten dazu, ihre Besatzungszone neu zu organisieren, zu der auch das Ruhrgebiet zählt, und bilden das Land Nordrhein-Westfalen. Mit der Währungsunion und dem Einsetzen der Marshallplanhilfen stabilisiert sich ab 1948 die Situation im Land allmählich. Unter alliierter Kontrolle kommt auch die industrielle Produktion wieder in Schwung und mit der Bildung der europäischen »Montan-Union« sind die Grundlagen für neues Wachstum gegeben. Das Ruhrgebiet wird in den 1950er-Jahren zum Motor des deutschen Wirtschaftswunders. Doch mit dem Aufschwung der Wirtschaft sind auch Entwicklungen verbunden, deren Folgen bis heute nachwirken und die Politik vor große Herausforderungen stellt. Dazu zählen das starke Anwachsen der Bevölkerung inklusive vieler Menschen aus dem Ausland, die extremen Eingriffe in die Landschaft durch die Ansiedlung flächenintensiver Großbetriebe, der Ausbau einer Infrastruktur, die sich vor allem an den Bedürfnissen der Schwerindustrie orientiert, und die monostrukturelle Ausrichtung auf die Montanindustrie, die große Umweltbelastungen auf allen

Mit dem »Marshallplan« geht es wieder bergauf. Insgesamt 1,7 Milliarden Dollar fließen bis 1957 nach Deutschland. Plakat 1950

Ebenen sowie nachhaltige Effekte für die soziale Struktur der Region mit sich gebracht hat. Seit dem Beginn der Kohlekrise am Ende der 1950er-Jahre, der etwa zehn Jahre später die Stahlkrise folgte, muss die Region daher einen tief greifenden strukturellen Wandel bewältigen, der alle Bereiche der Gesellschaft betrifft.

Aus den Trümmern wächst das Wirtschaftswunder
Die hohen Bevölkerungsverluste bei Kriegsende beziffern nicht allein Todesopfer infolge des Bombenkrieges, sondern sind auch auf Abwanderung, Evakuierung und die Rekrutierung der männlichen Bevölkerung für den Kriegseinsatz zurückzuführen. Vielfach sind es Frauen, die Trümmer beseitigen und Aufräumarbeiten leisten. Da die unterirdischen Anlagen der Bergwerke den Bombenkrieg besser überstanden hatten als die überirdischen Kokereien und die Anlagen der Stahlindustrie, war der Kohlebergbau weniger stark beeinträchtigt und konnte die Förderung an einigen Stellen nach kurzer Zeit wieder aufnehmen. So wird z.B. auf der Zeche Consolidation in Gelsenkirchen bereits im Mai 1945 wieder Kohle gefördert. Noch fehlt es allerdings an erfahrenen Bergleuten. Doch schon bald nach Kriegsende kommt es zu einem schnellen Rückfluss der Evakuierten und Kriegsgefangenen sowie einem gewaltigen Zuzug von Flüchtlingen aus den Ostgebieten. Die Folge ist eine extreme Wohnungs- und Ernährungskrise, der man mit dem Bau von Notunterkünften wie den sogenannten Nissenhütten begegnet – Behausungen aus einfachem Wellblech, benannt nach ihrem Konstrukteur Peter Norman Nissen, in denen meist mehrere Familien auf engstem Raum unter schwierigsten hygienischen Bedingungen hausen. Daneben blühen die Schwarzmärkte in den Städten und die Menschen versorgen sich bei »Hamsterfahrten« in die ländliche Umgebung mit Lebensmitteln. Mit dem »Kohlenklau« von den Zügen und Halden der Bergwerke versuchen sie, gegen die harte Winterkälte 1946/47

Strukturwandel – Politik und Wirtschaft seit dem Wiederaufbau

Um im harten Winter 1946/47 überleben zu können, greifen die Ruhrgebietsbürger auch zu unerlaubten Mitteln und »stibitzen« Kohlen, wo es geht.

anzukämpfen, die 1947 von Protesten und Warnstreiks gegen die Wirtschaftspolitik der Aliierten begleitet wird.

Unmittelbar nach dem Krieg soll es Deutschland unmöglich gemacht werden, jemals wieder einen Angriffskrieg zu führen. Dazu sollen die Konzerngiganten an der Ruhr durch Entflechtung und Aufteilung in kleinere Einheiten zerschlagen werden, zudem werden im März 1946 in Potsdam umfassende Produktionsbeschränkungen und Demontagen beschlossen, welche vornehmlich die Montanindustrie des Ruhrgebiets treffen sollen. Zusammen mit einer galoppierenden Inflation verschlimmern diese Maßnahmen zunächst die wirtschaftliche Situation, und auch zwischen den Alliierten, die ihr Augenmerk frühzeitig auf das rheinisch-westfälische Industriegebiet gerichtet haben, zeichnen sich Konflikte ab. Frankreich verlangt eine Internationalisierung und findet dabei die Unterstützung der Sowjets, die sich auf diesem Wege einen Zugang zum industriellen Ballungsraum an der Ruhr verschaffen wollen. Eine solche Machtverschiebung liegt aber nicht im Interesse der USA und Großbritanniens. Sie beginnen die Vorteile zu sehen, die ein wirtschaftlich starkes Deutschland im aufziehenden Ost-West-Konflikt für die westliche Allianz bedeuten könnte. Die Briten beauftragen daher 1946 den zu dieser Zeit parteilosen Oberpräsidenten der Provinz Westfalen, Rudolf Amelunxen, eine erste Landesregierung zu bilden und damit die Provinzen Rheinland und Westfalen in einer Zwangsehe zu vermählen. Der erste frei gewählte Ministerpräsident von Nordrhein-Westfalen wird 1947 Karl Arnold von der CDU. Neben der Demokratisierung des Landes ist das Ziel, die Produktion von Kohle zu steigern und diese für den Wiederaufbau Deutschlands zu verwenden. So wird die Vergeltungspolitik trotz anfänglichen Widerspruchs Frankreichs, das Deutschland durch die unmittelbare Nachbarschaft als Konkurrent fürchtet, rasch gemildert und die vereinbarte Stahlquote bereits 1947 verdoppelt. Mit der Zeit zeigt sich auch, dass die Entflechtungen der Großkonzerne ohne große Wirkungen bleiben, da der Aktienbesitz nicht angetastet wird; sie haben kaum weitreichende wirtschaftliche Folgen und die Modernisierung der Ruhrindustrie wird, wenn auch unter strenger Kontrolle der Alliierten, weiter vorangetrieben.

Die eigentliche Wiederaufbauphase beginnt 1948 mit der Währungsreform und der Umsetzung des Marshallplans. Da der Ruhrbergbau von Produktionsbeschränkungen weitgehend verschont bleibt, steigt die Zahl der Beschäftigten von 276.000 (1945) bereits im Jahr 1949 auf 355.000 und die Bevölkerungszahl erreicht wieder den Vorkriegsstand. Der weitere wirtschaftliche Aufstieg des Ruhrgebiets als Antriebskraft der Konjunktur im Deutschland der 1950er-Jahre ist eng verknüpft mit den wirtschaftspolitischen Weichenstellungen der Alliierten und der Adenauer-Regierung in Bezug auf die Westausrichtung der Politik und die europäische Integration. Um eine neuerliche industrielle Übermacht des vormaligen Kriegsgegners zu verhindern, versuchen die Alliierten, die ständige Kontrolle über das Ruhrgebiet auszuüben. Da sie erkannt haben, dass dies nur mittels einer ökonomischen und politischen Einbindung in die westliche Allianz denkbar ist, verabschieden die westlichen Siegermächte 1948 das »Ruhrstatut«, das die Montanindustrie des Ruhrgebiets unter die Aufsicht und Marktkontrolle einer gemeinsamen Behörde stellen soll. Nachdem die Regierung Adenauer einen Demontagestopp ausgehandelt hat, stimmt sie ihm 1949 zu. In den folgenden Jahren beginnt der rasante wirtschaftliche Wiederaufstieg der jungen Bundesrepublik Deutschland, und ihre Integration in das westliche Bündnis wird weiter vorangetrieben. Der französische Außenminister Schumann entwickelt einen Plan, der die wirtschaftliche Kooperation der Montanindustrie Westeuropas über das »Ruhrstatut« hinaus vorsieht und aus dem im Juli 1952 die »Europäische Gemeinschaft für Kohle und Stahl« (EGKS) hervorgeht, auch bekannt als »Montan-Union«. Diese Vereinigung ersetzt die Kontrollbehörde des »Ruhrstatuts« und gilt als eine Keimzelle der Europäischen Union. Das Ruhrgebiet steht damit nicht mehr unter der Kontrolle einer nicht-deutschen Kommission der Siegermächte und bekommt die Chance für neues Wachstum. Tatsächlich erweist sich die Montan-Union in der Folge als »Schwungrad« des wirtschaftlichen Neuaufbaus in Westdeutschland. Der Bedarf an Arbeitskräften wächst, es kann wieder investiert werden und der Handel blüht auf. Von erheblicher Bedeutung für die gesamtgesellschaftliche Entwicklung ist auch die Einbindung der Arbeiterbewegung und ihres politischen Flügels, der Sozialdemokratie, deren Mitverantwortung im »Montan-Mitbestimmungsgesetz« verankert wird. Unter dem Eindruck des ersten großen Nachkriegsstreiks der Berg- und Hüttenarbeiter wird es 1956 gegen den Widerstand der Unternehmerseite durchgesetzt und unterwirft die Montanindustrie seither einer größeren gesellschaftlichen Kontrolle unter der Losung: Mitverantwortung statt Klassenkampf, soziale Gerechtigkeit sowie außenpolitische Integration Deutschlands statt Isolierung.

Auf zu neuen Ufern – der Strukturwandel

Mit dem Beginn der Bergbaukrise 1958 wird das Wirtschaftswachstum im Ruhrgebiet gebremst. Ausgelöst durch den Verdrängungswettbewerb mit Erdöl, Erdgas und billiger Importkohle erleidet die Montanindustrie drastische Umsatzeinbrüche. Auch durch die Kernenergie erwächst Konkurrenz. Erste Zechen müssen unter Inkaufnahme des Verlusts zahlreicher Arbeitsplätze schließen. Bis 1976 verringert sich die Zahl der fördernden Zechen von 148 auf 35. Die Belegschaft

geht von 400.000 auf 150.000 zurück und die Fördermenge halbiert sich. Um der kritischen Situation zu
begegnen, schließen sich 1968 bis auf wenige Ausnahmen alle Bergwerksunternehmen in der Holdinggesell-
schaft Ruhrkohle AG mit Sitz in Essen zusammen. Mit
ihr sollen neue Konzepte zur Überwindung der Bergbaukrise zentral gesteuert und durchgesetzt werden.

Durch die Weltwirtschaftskrise 1974/75 erleidet
auch die Stahlproduktion einen schweren Rückschlag.
Hunderttausende von Stahlwerkern verlieren ihre Arbeitsplätze. Die veränderten Rahmenbedingungen
sowohl hinsichtlich der Technologie als auch der Han-
delsbeziehungen führen den gesamten Montansektor
in eine Strukturkrise. Mangels wirtschaftlicher Alternativen und Beschäftigungsmöglichkeiten wandern viele
Menschen ab. Im Ruhrgebiet wird der regionalen Krise
durch eine Subventionierung der Montanindustrie begegnet, die den Beschäftigungsabbau zwar vergleichsweise sozial verträglich abfedert, den erforderlichen
Umstrukturierungsprozess aber auch verzögert.

Die mit der Krise verbundenen Schließungen von
Zechen und Stahlwerken werden immer wieder von
großen Streiks und Widerständen aus den
Belegschaften und der Bevölkerung begleitet. So organisiert die IG Metall 1979 in
den Ruhrgebietsstädten Großdemonstra-
tionen mit über 100.000 Teilnehmern, die
auch von anderen Gewerkschaften unterstützt werden; 37.000 Stahlarbeiter treten
für 44 Tage in den Streik. Sie wollen unter
anderem durch die Einführung der 35-
Stunden-Woche weitere Entlassungen in
der krisengeschüttelten Branche verhindern. Zu eindrucksvollen Protestaktionen
kommt es auch 1987, als bekannt wird,
dass die Stahlhütte in Duisburg-Rheinhausen geschlossen werden soll. Es folgt ein
160 Tage andauernder Arbeitskampf, bei

Rund 5.000 Stahlkocher
aus den drei Duisburger
Hüttenwerken trafen
sich am 20. Januar 1988,
um die Rheinbrücke, die
Duisburg-Hochfeld und
-Rheinhausen verbindet,
in »Brücke der Solidari-
tät« umzubenennen.

dem Straßenkreuzungen blockiert, Brücken besetzt
und Mahnwachen vor dem Landtag sowie dem Bun-
destag abgehalten werden. Der Höhepunkt ist eine
Kette aus 80.000 Menschen, die von Duisburg bis zur
Westfalen-Hütte in Dortmund reicht. Dennoch wird die
Produktion mit einiger Verzögerung 1993 eingestellt.
Die Arbeitskämpfe um Zechen und Stahlwerke werden
letztlich verloren, und heute arbeitet der Großteil der
Beschäftigten des Ruhrgebiets in der Dienstleistungs-
branche, denn als Folge des Einbruchs der Montanindustrie und der damit verbundenen wirtschaftlichen
und gesellschaftlichen Folgen für die Region beginnt
ab den frühen 1960er-Jahren der Wandel der ökonomischen Struktur. Die Gründung von Hochschulen und
Fachhochschulen, der Ausbau der Verkehrsinfrastruk-
tur und die Ansiedelung teilweise neuer Wirtschafts-
branchen prägen zunehmend die einst von Kohle und
Stahl dominierte Region. Begleitet wird der struktu-
relle Wandel des Ruhrgebiets auch durch infrastruktu-
relle Maßnahmen, maßgeblich angestoßen durch die
»Internationale Bauausstellung Emscher Park« (IBA,
s. S. 118ff.), die sich als ein wichtiger Impuls für den
wachsenden Ruhrtourismus und die Kultur (s. S. 134ff.)
als weichem Standortfaktor erweist.

Die Herkulesaufgabe des Strukturwandels im Ruhrgebiet von der Montanindustrie zur modernen Wis-
sens- und Informationsgesellschaft ist noch lange
nicht bewältigt, denn nach wie vor sind die Probleme
groß und die Politik tat sich schon immer schwer in der
Region, die so vielen Einflüssen unterliegt. Die Steue-
rung des komplexen Prozesses mit all seinen Auswirkungen auf Wirtschaft und Gesellschaft wird erschwert
durch die polyzentrische Struktur und die Lage im
»Bindestrichland« Nordrhein-Westfalen, dessen von
den Briten »Operation Marriage« genannte Gründung
bereits damals nicht einhellig begrüßt wurde.
Bis heute ist ein nordrhein-westfälisches Gemein-
schaftsgefühl in weiten Teilen des Landes mehr

Wunsch als Wirklichkeit; das Ruhrgebiet macht dabei keine Ausnahme, obwohl oder gerade weil es quasi als Bindeglied dient und sowohl zum Rheinland als auch zu Westfalen zählt. Befördert wird die Zerrissenheit durch Politik und Verwaltung, denn zwei Landschaftsverbände (Rheinland und Westfalen-Lippe), drei zuständige Bezirksregierungen (Arnsberg, Düsseldorf, Münster) sowie 53 Städte und Gemeinden haben nicht immer die gleichen Interessen, und der »Regionalverband Ruhr« leidet unter mangelnden Entscheidungskompetenzen. Auch der Verbund der diversen kommunalen Verkehrsgesellschaften sorgt nicht immer für Einheit, sondern durchaus für Kurioses: So fahren zum Beispiel die Straßenbahnen in Duisburg und Dortmund auf der 1,44 Meter breiten Normalspur, während sie in Bochum oder Essen auf der Meterspur unterwegs sind. Darüber hinaus scheiden Mentalität und Sprache die als lebensfroh und redselig geltenden Rheinländer von den als stur und wortkarg bekannten Westfalen. Die vielfältigen regionalen Besonderheiten spiegeln sich auch in der ungeordneten Ansammlung der Städte, die oft nahtlos zusammengewachsen sind, aber kein gemeinsames Zentrum mit städtebaulichen Höhepunkten

Kohlepfennig

Die Unterstützung des Steinkohlebergbaus wird u.a. durch das »Verstromungsgesetz« geregelt. So sicherte etwa der sogenannte Jahrhundertvertrag zwischen der Energiewirtschaft und dem Steinkohlebergbau den Vorrang der heimischen Steinkohle bei der Energieerzeugung durch die Festlegung von Abnahmemengen.

Als Ausgleichsabgabe wurde der sogenannte Kohlepfennig erhoben, den die Verbraucher der alten Bundesländer von 1974–1995 zu entrichten hatten. Er wurde in Form eines prozentualen Preisaufschlags der Energieversorgungsunternehmen auf die Strompreise erhoben. 1990 waren dies durchschnittlich 8,25 %. 1994 wurde der Kohlepfennig jedoch nach der Klage eines Verbrauchers für verfassungswidrig erklärt und somit abgeschafft. Seither wird der Steinkohleabbau aus dem Staatshaushalt subventioniert.

haben. Die Bürger fühlen sich daher in der Regel mehr mit ihrer Stadt verbunden als mit dem Ruhrgebiet als Ganzem.

Viele Einzelinteressen – eine Metropole
Die Zusammenarbeit der Städte konzentrierte sich schon früh auf unvermeidbare Maßnahmen wie z.b. die Organisation der Abwasserentsorgung, zu deren Zweck 1899 die »Emschergenossenschaft« gegründet wurde, die bis heute von den Anrainergemeinden mitgetragen wird. Eine weitergehende Zusammenarbeit der einzelnen Kommunen wurde aber auch aus politischen Gründen von den jeweiligen Machthabern im Bundesland nicht uneingeschränkt befördert, da eine Bündelung der Kräfte in der bevölkerungsreichen Region immer auch als potenzielle Bedrohung gesehen wurde. Die Dezentralität und die daraus resultierende Kirchturmpolitik konkurrierender Kommunen hat somit System. Heute wird die Entwicklung des Ruhrgebiets durch das Wirken verschiedener politischer Ebenen beeinflusst. Diese reichen von der Europäischen Union, die durch Förderprogramme die Umstrukturierung der Region unterstützen, über die Bundes- und Landespolitik bis zu den elf kreisfreien Städten und vier Kreisen, die zugleich Mitglieder im »Regionalverband Ruhr« (RVR) sind. Zu seinen Aufgabe zählt, die Wirtschaftsförderung und das Standortmarketing der Region voranzutreiben sowie ruhrgebietsweite Konzepte zu Themen wie Mobilität und Flächenplanung zu erarbeiten. Als Mittelinstanzen wirken außerdem drei Bezirksregierungen in Düsseldorf, Arnsberg und Münster zur Umsetzung und Kontrolle landespolitischer Entscheidungen. Darüber hinaus fungieren die beiden Landschaftsverbände Rheinland (LVR) und Westfalen-Lippe (LWL) als Träger zahlreicher sozialer und kultureller Einrichtungen. Neben den genannten politischen Institutionen gibt es privatwirtschaftliche Initiativen wie den »Initiativkreis Ruhr«, in dem sich 69 Großunterneh-

men mit dem Ziel zusammengeschlossen haben, die Zukunft des Ruhrgebiets langfristig zu sichern und die internationale Wettbewerbsfähigkeit weiter zu fördern. Zu diesem Zweck werden Innovationen, Investitionen und Maßnahmen in Wissenschaft, Sport und Kultur sowie zur Image-Verbesserung unterstützt. Die spezielle räumliche und verwaltungstechnische Struktur macht es jedoch nicht leicht, sich als Einheit zu präsentieren. Dem Ruhrgebiet fehlt ein Zentrum mit einem zentralen architektonischen Wahrzeichen und einzelne Städte versuchen, sich mit ihren Angeboten an Besucher und an die Wirtschaft in Konkurrenz zu ihren Nachbarn zu profilieren. Die großen haushaltspolitischen Probleme der Kommunen, die relativ hohe Arbeitslosenquote, anhaltende Abwanderungstendenzen und eine wachsende Überalterung der Gesellschaft fördern jedoch zunehmend die Einsicht der politisch Verantwortlichen, dass dieser Problemdruck nur durch gemeinsame Strategien abgebaut werden kann. Der Zuwachs an Planungskompetenzen für den RVR, städteübergreifende Projekte wie der »Emscher Landschaftspark« oder das Theaterfestival »RuhrTriennale« sind deutliche Anzeichen für diese Tendenz. Darüber hinaus wird über eine Neuordnung der Verwaltung und die Einführung eines Regierungsbezirks Ruhr diskutiert.

Erneuerung der Wirtschaftsstruktur

Wie in anderen Regionen nimmt auch im Ruhrgebiet der Anteil der Industrie zugunsten des Dienstleistungsbereichs ab. Die ehemals größte Montanindustrieregion Europas erfährt enorme Umwälzungsprozesse. In Hochzeiten der Kohleproduktion um 1956 wurden 124 Millionen Tonnen Kohle jährlich gefördert; damals waren im Bergbau über 470.000 Menschen beschäftigt, 2008 sind es weniger als 29.000 Menschen, die jährlichen Fördermenge liegt bei rund 17 Millionen Tonnen und wird weiter zurückgefahren. Die Zahl der Beschäftigten in der Stahlindustrie fiel von über 300.000 in

»Regionalverband Ruhr« (RVR)

Gegründet wurde der »Regionalverband Ruhr« (RVR) bereits 1920 als »Siedlungsverband Ruhrkohlenbezirk« (SVR). Dieser älteste Zusammenschluss von Kommunen im Bundesgebiet hatte das Ziel, für das bis dahin wild »wuchernde« Ruhrgebiet eine gemeinsame Planung zu organisieren. Um die Reparationsforderungen aus dem Friedensvertrag von Versailles (1919) erfüllen zu können, sollten Menschen für die Arbeit im Bergbau angesiedelt werden. Diese Planung sollte vom Verband zentral gelenkt werden. Der geistige Vater und bis 1932 erster Verbandsdirektor des SVR war der Essener Beigeordnete Robert Schmidt (1869–1934). Im Auftrag des Düsseldorfer Regierungspräsidenten und von Revier-Kommunen entwarf er 1912 einen Generalsiedlungsplan für die Region zwischen Emscher und Ruhr. Der Plan war politisch nicht mehrheitsfähig, bildete aber die geistige Grundlage der ersten überörtlichen Ruhrgebiets-Organisation. Erst 1920 gaben die Reichsregierung, die preußische Landesversammlung und die beteiligten Ruhrgebietsstädte grünes Licht für die Gründung des »Siedlungsverbandes Ruhrkohlenbezirk«. Der SVR existiert über 40 Jahre und gilt lange Zeit als Vorbild für die Planung und Organisation eines großen Ballungsgebietes, erarbeitet Wirtschaftspläne, startet mit dem Ausbau des Straßennetzes, entwickelt Vorschläge zum

Regionalverband Ruhr

Ausbau des öffentlichen Nahverkehrs und beginnt mit der Aufstellung eines Grünflächenplans. Bereits in den 1920er-Jahren gibt es auch Forderungen zur Bildung einer großen Ruhrstadt nach dem Vorbild Groß-Berlins, was schon damals an der Vielzahl politischer Einzelinteressen scheitert. So gehören die Städte und Gemeinden im RVR auch den beiden 1953 gegründeten Landschaftsverbänden Nordrhein-Westfalens an, die ihren Ursprung in der Neugliederung des preußischen Staates nach der Niederlage des napoleonischen Frankreichs in den Befreiungskriegen und den Gebietszuweisungen durch den »Wiener Kongress« 1815 haben. Die Grenze zwischen der ehemaligen preußischen Provinzen Rheinland mit dem Regierungsbezirk Düsseldorf und Westfalen mit den Regierungsbezirken Arnsberg und Münster, verläuft mitten durch das Ruhrgebiet. In den 1960er-Jahren gewinnen politische Kräfte an Einfluss, die sich für eine Abschaffung des SVR einsetzen, 1975 werden ihm die Planungskompetenzen entzogen und 1979 wird der SVR schließlich vom Landtag aufgelöst. Die Nachfolgeorganisation ist der »Kommunalverband Ruhrgebiet« (KVR), dessen Aufgaben in der Lenkung, Überwachung und Koordinierung von Bau-, Siedlungs- und Verkehrsaufgaben sowie des Landschaftsschutzes im Ruhrgebiet bestehen. Erst 2004 mit der Änderung des »Verbandsgesetzes« durch den Landtag Nordrhein-Westfalen wird der KVR in »Regionalverband Ruhr« (RVR) umbenannt und erhält dabei wieder regionale Planungshoheit sowie erweiterte Zuständigkeiten in der regionalen Selbstverwaltung. Zu den Pflichtaufgaben des RVR zählen das Marketing sowie die Umwelt- und Freizeitförderung, er ist zuständig für den »Emscher Landschaftspark«, die »Route der Industriekultur«, die Erfassung kartografischer Daten und die Entwicklung sogenannter Masterpläne für die Raumordnung. Der gesetzliche Vertreter des RVR ist der Regionaldirektor, der auf sechs Jahre gewählt wird. Der Verbandsversammlung, dem Ruhrparlament, gehören die elf Oberbürgermeister der Kommunen und die Landräte der vier Kreise an sowie gewählte Vertreter der Stadträte und Kreistage. Die Sitzverteilung orientiert sich an den Ergebnissen der Kommunalwahlen. Hinzu kommen beratende Mitglieder als Vertreter von Gewerkschaften, Arbeitgeberverband, Industrie- und Handelskammer, Naturschutzverband u.ä. Die größten Tochtergesellschaften sind die Abfallgesellschaft Ruhrgebiet (AGR), die Wirtschaftsförderung metropoleruhr GmbH sowie die Ruhr Tourismus GmbH, und er ist beteiligt an weiteren Gesellschaften wie z.B. der Kultur Ruhr GmbH oder der Ruhr.2010 GmbH, der Gesellschaft zur Organisation und Durchführung des Kulturhauptstadtjahres. Mit vereinten Kräften, so die Idee, soll mit politischen Mitteln der Umbau der Region vorangebracht werden, was an vielen Stellen bereits gelungen ist.

Zu den zentralen Entwicklungsprojekten zählen u.a. jene zur Revitalisierung der Duisburger Innenstadt mit dem Umbau des Innenhafens sowie die »Ruhrbania« genannte Umgestaltung der ruhrnahen Innenstadtbereiche in Mülheim unter dem Motto »Wohnen, Arbeiten und Erleben am Wasser«.

Eine weitere zentrale Aufgabe des RVR ist die Sicherung und Weiterentwicklung von Grün-, Wasser- und Waldflächen für die Erholung und zur Erhaltung eines ausgewogenen Naturhaushaltes. Durch Projekte wie den Umbau ehemaliger Bahntrassen zu Radwegen, die Restrukturierung von Flusslandschaften oder die Umgestaltung von Bergehalden im »Emscher Landschaftspark« wird die Wohn- und Freizeitqualität nachhaltig gefördert.

den 1950er-Jahren auf 57.000. Der endgültige Ausstieg aus dem Steinkohlebergbau bis 2018 ist beschlossen und hat bereits zu Veränderungen in der Unternehmenslandschaft geführt: Das Unternehmen RAG, das seinerseits aus der Ruhrkohle AG hervorgegangen ist, wurde umstrukturiert. Aus dem RAG-Technologiebereich mit den Töchtern Degussa (Spezialchemie) und Steag (Kraftwerke und Energie) sowie dem RAG-Immobiliensektor ist 2007 der Mischkonzern Evonik Industries entstanden. Die neue RAG-Stiftung kommt dagegen für die sogenannten Ewigkeitskosten (z.B. künftige Bergschäden, notwendige Entwässerung der Bergwerke oder Pensionszahlungen) auf. Der sogenannte »schwarze Bereich« (Kohlebereich) ist nunmehr klar von den anderen Unternehmensbereichen getrennt.

Heute ist das Ruhrgebiet auf dem Weg zu einem Dienstleistungs- und High-Tech-Standort, und der hohe Standard der Technisierung ist bei dieser Umstrukturierung von Vorteil. Kleine und mittelgroße Firmen ergänzen zunehmend den zuvor vor allem durch Großbetriebe dominierten Wirtschaftsraum. In einigen Branchen wie Chemie, Energie, Informations- und Kommunikationstechnologien, industrielle Technologien und Materialien, Logistik oder Maschinenbau

---

Bergbau und die Medizin

Auch für die Entwicklung der Gesundheitswirtschaft im Ruhrgebiet ist die Bergbauvergangenheit ein wichtiger Faktor, dem sich nicht nur die Gründung der heutigen Universitätsklinik Bergmannsheil in Bochum verdankt. 1890 als »Bergbau-Berufsgenossenschaftliche Krankenanstalten Bergmannsheil« gegründet, diente sie vor allem zur speziellen Unfallversorgung von Bergarbeitern. Auch zahlreiche Spezialkliniken, z.B. für Atemwegserkrankungen, siedelten sich hier an, denn die »Staublunge« (Silikose) war eine häufige Berufskrankheit insbesondere von Hauern, die im Streckenvortrieb unter Tage tätig waren. Verursacht wird die Krankheit durch das Einatmen des quarzhaltigen Steinstaubs, der zur Vernarbung der Lunge, Luftnot und in schlimmen Fällen zum Tod durch Ersticken führen kann.

besitzt das Ruhrgebiet auch im internationalen Vergleich besondere Stärken und ein großes Entwicklungspotenzial. Neben der Energiewirtschaft, die mit Branchenriesen wie RWE, Evonik oder Ruhrgas prominent vertreten ist, hat die Gesundheitswirtschaft entscheidende Bedeutung. In Forschung, Patientenversorgung und medizinischer Ausbildung arbeiten mit rund 300.000 Menschen weit mehr als in der Montanindustrie. Allein in der Stadt Essen gibt es vier Krankenhäuser mit großen kardiologischen Abteilungen wie dem Herzzentrum der Universitätsklinik. Die wichtigsten Messestandorte sind Essen und Dortmund.

Das Bruttoinlandsprodukt (BIP) der Metropole Ruhr entspricht etwa 267 % des BIPs des Landes NRW bzw. 6 % der Bundesrepublik Deutschland. Sechs Industrie- und Handelskammern und drei Handwerkskammern sind zuständig für die Interessen der gewerblichen Unternehmer bzw. des Handwerks, und es gibt über 30 Technologie-, Innovations- und Gründerzentren. Rund 157.000 steuerpflichtige Unternehmen haben hier ihren Sitz. Zu den umsatzstärksten zählen:

1. ThyssenKrupp AG, Essen
2. RWE AG, Essen
3. Deutsche BP AG, Bochum
4. E.ON Ruhrgas AG, Essen
5. Franz Haniel und Cie. GmbH, Duisburg
6. Aldi Gruppe, Mülheim/Ruhr
7. Unternehmensgruppe Tengelmann, Mülheim/Ruhr
8. Arcandor AG, Essen
9. Hochtief AG, Essen
10. Evonik Industries AG

Heute arbeiten über 70 % der im Ruhrgebiet Beschäftigten im Dienstleistungssektor. Große Energieversorger wie RWE oder E.ON Ruhrgas und Handelskonzerne wie die Aldi-Gruppe, Arcandor (ehemals

Strukturwandel – Politik und Wirtschaft seit dem Wiederaufbau

Die modernisierte Energiewirtschaft prägt mit ihren Verwaltungsgebäuden die Essener Skyline.

KarstadtQuelle) oder die Tengelmann-Unternehmensgruppe haben daran großen Anteil. Außerdem gibt es in den häufig als Fußgängerzonen ausgewiesenen Innenstädten, in den Einkaufszentren Ruhr-Park in Bochum oder dem Rhein-Ruhr-Zentrum in Mülheim zahllose Einzelhändler, und auf dem Gelände der ehemaligen Gutehoffnungshütte in Oberhausen entstand mit dem CentrO eines der größten Freizeit- und Einkaufszentren Europas samt multifunktionaler Veranstaltungshalle, Erlebnispark, Musicaltheater und Gastronomiemeile. Darüber hinaus haben viele Unternehmen der Logistikbranche hier ihren Sitz oder Standorte. Doch trotz der enormen Veränderungen wird das Ruhrgebiet von außen oft noch immer als Industrierevier wahrgenommen, und tatsächlich hat es auch noch mit den Folgen des strukturellen Wandels zu kämpfen. So liegt etwa die Arbeitslosenquote Anfang 2009 mit 11,5 % rund 3 % über dem Bundesdurchschnitt. Mit offensiver Standortpolitik will die regionale Wirtschaftspolitik dem verstärkt entgegenwirken und die gesteigerte Aufmerksamkeit durch das Kulturhauptstadtjahr 2010 nutzen, um die Standortvorteile der Region zu präsentieren. Allen voran zählt dazu die zentrale Lage mit einem direkten Zugang zum europäischen Markt. Aus der Ruhr-Region sind in drei Stunden Fahrzeit über die Straße mehr als 50 Millionen Menschen erreichbar. Mit einer Gesamtfläche von fast 4.500 Quadratkilometern und seinen 5,2 Millionen Einwohnern ist es der größte Ballungsraum Deutschlands mit großer ethnischer Vielfalt, einem riesigen Kulturangebot, ausgedehnten Naturräumen und einer dichten Hochschullandschaft.

Forschung und Lehre

Um sich den neuen Anforderungen der Wirtschaft zu stellen, entstanden im Ruhrgebiet seit den 1960er-Jahren fünf Universitäten, eine Kunsthochschule und zehn Fachhochschulen mit über 150.000 eingeschriebenen Studenten sowie zahlreichen Forschungsinstituten und Technologiezentren, die zusammengenommen die dichteste Bildungs- und Forschungslandschaft Europas darstellen. Eine der ältesten Universitätsstädte Deutschlands ist Duisburg, denn bereits im Jahr 1655 wurde hier der Lehrbetrieb an den vier Fakultäten für Theologie, Philosophie, Jura und Medizin aufgenommen. Im Jahr 1818 wurde sie jedoch zugunsten einer Universitätsneugründung in Bonn wieder aufgelöst. Erst 1968 wurde mit der Pädagogischen Hochschule wieder eine Stätte des tertiären Bildungsbereichs in Duisburg eröffnet, die 1972 Gesamthochschule wurde und 1994 den Namen Gerhardt-Mercator-Universität erhielt. 2003 fusionierte sie schließlich mit der Univer-

Die Ruhr-Universität Bochum war 1962 die erste Universität der neuen Hochschulland-schaft an der Ruhr.

sität Essen zur Universität Duisburg-Essen. Obwohl sie erst 1962 gegründet wurde, gilt daher die Ruhr-Universität Bochum als älteste Hochschule des heutigen Ruhrgebiets. 1968 kam die Technische Universität Dortmund hinzu, 1972 die Universität Gesamthochschule Essen, 1975 die Fernuniversität Hagen und 1983 Deutschlands erste private Universität in Witten/ Herdecke. Die Folkwang Hochschule ist eine interdisziplinäre Bildungseinrichtung für Musik, darstellende Künste und Design. Initiiert durch den Hagener Kunstsammler Karl Ernst Osthaus (1874–1921, s. S. 145) wurde sie bereits 1927 als Folkwangschule gegründet, erhielt jedoch erst 1987 den Status einer wissenschaftlichen Hochschule. Darüber hinaus findet man sowohl staatliche als auch private Fachhochschulen in Bochum, Dortmund, Duisburg, Essen, Gelsenkirchen, Hagen, Hamm und Mülheim, deren zahlreiche Abteilungen und Institute über das Ruhrgebiet verteilt sind. Mit über einem Drittel der Studierenden dominieren die Wirtschafts-, Rechts- und Sozialwissenschaften, gefolgt von den Sprach- und Kulturwissenschaften mit ca. 25 %. Einen naturwissenschaftlichen, mathematischen, informationstechnischen oder ingenieurwissenschaftlichen Abschluss strebt fast jeder vierte Studierende an.

Eng verbunden mit den Hochschulen sind Forschungsinstitute, in denen der wirtschaftliche und gesellschaftliche Wandel an der Ruhr aufgegriffen wird. Zu den namhaftesten gehören Einrichtungen der Sozial- und Geisteswissenschaften wie das »Rheinisch-Westfälische Institut für Wirtschaftsforschung«, das »Zentrum für Türkeistudien« und das »Kulturwissenschaftliche Institut«, die alle ihren Sitz in Essen haben; des Weiteren das »Landesinstitut Sozialforschungsstelle Dortmund«, das »Institut Arbeit und Technik« in Gelsenkirchen sowie das »Landesspracheninstitut NRW« und das »DMT-Forschungsinstitut« für Montangeschichte in Bochum. Außerdem haben vier Fraunhofer-, vier Leibniz- und drei Max-Planck-Institute sowie zahlreiche weitere außeruniversitäre Forschungseinrichtungen ihren Sitz im Ruhrgebiet und machen das Ruhrgebiet damit zu einem der dichtesten Wissenschaftsnetze Deutschlands.

In der außeruniversitären Forschung überwiegen die technischen Forschungsfelder, die vielfach dem Montansektor entstammen und sich heute zukunftsorientierten Themen widmen wie Mikrosystemtechnik, neue Materialien oder Energie- und Umwelttechnologien. Das Bindeglied zwischen Wissenschaft und Wirtschaft bilden Technologie-, Innovations- und Gründerzentren, die sich seit den 1980er-Jahren in der Nachbarschaft der Universitäten und Fachhochschulen entwickelt haben und in denen der Austausch von Wissenschaft und Praxis befördert wird. Recht erfolgreich in Bezug auf die erforderliche wirtschaftliche Neuorientierung ist man in der Stadt, die einst für Kohle, Stahl und Bier stand. Im Dortmunder Technologiezentrum siedelten sich beispielsweise zahlreiche Unternehmen der Mikrotechnikbranche sowie des Maschinenbaus und der Informationstechnologie an, und mit dem Wissenschaftspark entstand in Gelsenkirchen, der ehemaligen »Stadt der tausend Feuer«, ein auf erneuerbare Energien und Umwelttechnologien spezialisiertes Gründerzentrum. Die Erfolge in diesem Bereich brachten ihr den Titel »Solarstadt« ein.

Während die Entwicklung der Bildungs- und Forschungslandschaft positiv verlaufen ist, birgt ein anderes Strukturmerkmal der Region durchaus noch Potenzial. Die Integration eines wachsenden Bevölkerungsanteils mit Migrationshintergrund ist bislang nur in Ansätzen geglückt, obwohl das Ruhrgebiet schon lange eine Einwanderungsregion ist, die bereits im 19. Jh. viele Menschen anzog (s. S. 70f.).

**Leben in der Fremde –
das Ruhrgebiet wird multikulturell**
Um auf den steigenden Bedarf an Arbeitskräften in den 1950er-Jahren zu reagieren, wurden zunächst

Strukturwandel – Politik und Wirtschaft seit dem Wiederaufbau

Italienische »Gastarbei-
ter« beim Sonntags-
spaziergang, Ruhrgebiet,
1960er-Jahre

Kräfte aus der Landwirtschaft für die Industrie heran-
gezogen. Auf erste regionale Anwerbeverfahren und
private Vermittlungen folgen verschiedene Anwerbeab-
kommen der Bundesregierung mit mehreren Mittel-
meerstaaten, wonach Arbeitskräfte zeitlich begrenzt in
Deutschland arbeiten sollten; das war 1955 mit Italien,
1960 mit Spanien und Griechenland, 1961 mit der Türkei, 1963 mit Marokko, 1964 mit Portugal, 1965 mit
Tunesien und 1968 mit Jugoslawien. Trotz Bevölke-
rungsverlusten durch den Zweiten Weltkrieg wächst
die Bevölkerungszahl auf über 5,6 Millionen, wobei Angeworbene aus der Türkei bis heute die größte Zuwan-
derergruppe stellen. Die ausländischen Arbeitskräfte,
die von deutschen Unternehmen und verschiedenen
Initiativen im Ausland angeworben wurden, wurden als
»Gastarbeiter« bezeichnet – ein Ausdruck, der sich
schnell im deutschen Sprachgebrauch verfestigte. Im
Bergbau waren davon 1961 mit 3,7 % noch relativ wenige beschäftigt, 1981 hatte jedoch bereits jeder zweite
Bergarbeiter bei der Ruhrkohle AG einen Migrationshintergrund. Wie dereinst die »Ruhrpolen« übernehmen auch sie eine Entlastungsfunktion und besetzen
die buchstäblich »niedrigsten« Posten unter Tage. Ein
»Aufstieg« in höhere Positionen kann hier in der Regel
nur gelingen, wenn die Belegschaft durch die Zuwanderung einer neuen Nationalität »unterschichtet« wird

– Soziologen nennen das den »Fahrstuhl-Effekt«. Der eine Millionste Gastarbeiter, der Portugiese Amando Sá Rodrigues, kam am 10. September 1964. Er bekam von der »Bundesvereinigung der deutschen Arbeitgeber« ein Moped und einen Blumenstrauß geschenkt.

Weniger bekannt als die Migranten aus dem europäischen Raum ist die Tatsache, dass in den 1960er-Jahren auch Arbeiter aus Korea angeworben wurden, um in den Bergwerken zu arbeiten. Die gemeinsame Erfahrung der Landesteilung im Zeichen des Kalten Krieges stellt eine Verbindung und Gemeinsamkeit dar. Die koreanischen Arbeiter galten als disziplinierte und eifrige Arbeiter. Ihnen folgte eine große Zahl koreanischer Krankenschwestern und Pflegerinnen. Von den rund 8.000 koreanischen Bergarbeitern ging ein Großteil wieder zurück in ihre Heimat, nachdem sich dort ab Ende der 1960er-Jahre eine immense wirtschaftliche Dynamik entwickelte.

Nach der Energiekrise von 1973 wurde die Anwerbung ausländischer Arbeitskräfte eingestellt, doch Einwanderung setzte sich nun über die Familien fort, denn viele der sogenannten Gastarbeiter holten ihre Angehörigen in ihre neue Heimat nach. Als Konsequenz stieg der Ausländerteil in den 1970er-Jahren weiter an, jedoch waren hierfür auch überdurchschnittlich hohe Geburtenraten der Einwandererfamilien mitverantwortlich. Als sich zu gleicher Zeit eine Rezession mit drohender Arbeitslosigkeit abzeichnete, verfügte die Bundesregierung 1973 einen Anwerbestop. Bis in die 1970er-Jahre

Auffanglager Unna-Massen
Bis 2009 war das Auffanglager Unna-Massen 58 Jahre lang für Aussiedler, Zuwanderer und Flüchtlinge aus aller Welt die erste Anlaufstelle für ein neues Leben in Deutschland. Nach dem Zweiten Weltkrieg waren es vor allem Flüchtlinge aus den ehemaligen deutschen Ostgebieten, nach dem Mauerfall kamen hier viele Übersiedler aus der DDR an, und 1999 sind es Tausende Kriegsflüchtlinge aus dem Kosovo, die hier vorübergehend aufgenommen werden und Integrationshilfen erhalten.

Strukturwandel – Politik und Wirtschaft seit dem Wiederaufbau

kehrten 14 Millionen Angeworbene (ca. 80 %) wieder in ihre Heimatländer zurück. Von der italienischen Bevölkerungsgruppe verließ ein Großteil Deutschland wieder, doch bei den türkischen Zuwanderern war dies anders. Trotz Rückkehrprämien blieben sie überwiegend in der neuen Heimat und leben hier nun teilweise in der dritten und vierten Generation. Dabei ist die Konzentration von Bevölkerungsgruppen mit Migrationshintergrund in einzelnen Ortsteilen innerhalb der Städte auffällig und führt dazu, dass sie die Schülerschaft ganzer Klassen stellen.

Mit den politischen Veränderungen vor allem in Osteuropa stieg die Zuwanderung aus dem Ausland und damit der Anteil der ausländischen Bevölkerung nochmals an, doch seit 1996 ist er kontinuierlich rückläufig und liegt heute bei ca. 11 % der Gesamtbevölkerung. Über 170 verschiedene Nationalitäten sorgen dabei für eine große Vielfalt. Die stärkste Gruppe stellt die türkische Bevölkerung mit rund 42 %. Noch immer stellt die gesellschaftliche Integration eine Herausforderung sowohl für Immigranten als auch für die Aufnahmegesellschaft dar. Nach wie vor gibt es Bereiche in den Städten, in denen der Anteil von Menschen mit Migrationshintergrund wesentlich höher ist als in anderen, weiterhin gibt es Sprachbarrieren und Vorurteile gegenüber fremden Kulturen und Religionen, und die Bildungschancen von Migrantenkindern sind in der Regel schlechter als die von deutschen Schülerinnen und Schülern. Das Zusammenleben in Problemstadtteilen mit hoher Arbeitslosigkeit verläuft nicht immer konfliktfrei, dennoch haben über 130 Jahre Einwanderungsgeschichte im Ruhrgebiet eine grundsätzliche Toleranz und Offenheit gegenüber Fremden entstehen lassen, die teilweise sicherlich auch aus der Not geboren wurde, sich bei der lebensgefährlichen Arbeit unter Tage aufeinander verlassen können zu müssen. Die schwierigen Lebens- und Arbeits-

2008 wurde mit der Merkez-Moschee die bis dato größte Moschee Deutschlands in Duisburg-Marxloh eröffnet.

Erster Ausländerkongress
Auf dem Wasserschloss Kemnade in Bochum fand im Juni 1975 der erste Ausländerkongress Deutschlands statt. An drei Tagen wurden hier zeitlos aktuelle politische Forderungen diskutiert und gestellt. »Kemnade International« wird geboren und lebt bis heute fort als ein multikulturelles Festival. In den 1970er-Jahren war es neu, den Reichtum der Region mit multi-ethnischen Kulturgemeinschaften, ihrer Musik, dem Theater, der Literatur und der bildenden Kunst in den Mittelpunkt der Veranstaltung zu stellen. Bereits damals setzten die Organisatoren um, was die heutige Kulturpolitik sich zum Ziel setzt, denn die mangelnde Integration der ausländischen Bevölkerungsgruppen war der Hauptimpuls der Veranstaltung. Kemnade Internatioal zeigt seither an drei Tagen im Jahr mit seinen Mitteln auf, wie ein multikuturelles Zusammenleben funktionieren kann, ohne dabei gänzlich auf politische Inhalte zu verzichten.

bedingungen schafften Solidarität unter den Arbeitern, auch wenn es Statusunterschiede gab. Strukturwandel und Arbeitslosigkeit erschwerten zwar die Situation, doch bis heute haben rechtsextreme Parteien relativ wenig Erfolg im Ruhrgebiet. Im Oktober 2008 wurde im Duisburger Stadtteil Marxloh die bis dato größte Moschee Deutschlands eröffnet, die Platz für rund 1.200 Gläubige bietet. Trotz vereinzelter Proteste gegen dieses Projekt wird das Bauwerk aufgrund einer geschickten Informationspolitik auch von der nicht-muslimischen Bevölkerung im Viertel als »ihre Moschee« betrachtet. Ebenfalls ist die Zahl etwa der türkischstämmigen Unternehmer innerhalb der letzten 20 Jahre stark angestiegen und dabei handelt es sich längst nicht mehr nur um Döner- und Gemüseläden.

Wandel der Sozialstruktur

Die Gesamteinwohnerzahl des Ruhrgebiets ist, abgesehen von einer leichten Erholung infolge der politischen Entwicklungen in Osteuropa, seit den 1970er-Jahren tendenziell rückläufig und liegt heute bei rund 5,2 Millionen. Gleichzeitig ist ein im Landesvergleich überdurchschnittlich hohes Durchschnittsalter der Menschen bei stark sinkender Geburtenrate zu verzeichnen. Zwar ist der Altersaufbau der ausländischen Bevölkerung, die zum größeren Teil in den kreisfreien Städten lebt, im Vergleich zur deutschen deutlich jünger und ihr Anteil an der gleichaltrigen Bevölkerung steigt, allerdings werden die Anteile älterer Menschen in Zukunft auch bei dieser Gruppe stark anwachsen. Insgesamt muss man daher von einem Schrumpfungsprozess bei gleichzeitiger Überalterung der Ruhrgebietsgesellschaft sprechen, mit allen negativen Begleiterscheinungen wie steuerlichen Einnahmeausfällen, sinkenden Zuweisungen seitens des Landes sowie einer insgesamt gedämpften wirtschaftlichen Dynamik. Die Gründe für diese Entwicklungen liegen vor allem in dem anhaltenden wirtschaftlichen Strukturwandel, der weiterhin zu einer hohen Arbeitslosenquote beiträgt, die einhergeht mit notorisch klammen Kassen der Kommunen. Trotz dichter Hochschullandschaft liegt der Anteil hoch qualifizierter Beschäftigter unter dem anderer deutscher Großstädte. Vergleichsweise häufig wandern jüngere und höher qualifizierte Erwerbstätige sowie Haushalte mit Kindern ab. Davon sind die Kernzonen des Ruhrgebiets stärker betroffen als die Kreise, wo deshalb die Schrumpfungs- und Alterungsprozesse weniger dramatisch ausfallen. In den zentralen Ballungsräumen werden sich jedoch Bevölkerungsgruppen konzentrieren, die insgesamt weniger mobil sind. Dabei wird es sich überdurchschnittlich häufig um Ältere handeln, um ausländische Mitbürger sowie um mehr Menschen in sozial problematischen Lebenslagen wie etwa Arbeitslose, Alleinerziehende oder alleinstehende jüngere Menschen mit unterdurchschnittlichem Bildungs- und Ausbildungsniveau. Stärker und schneller als im restlichen Land entwickelt sich unter

Die Überalterung der Bevölkerung schreitet im Ruhrgebiet schneller voran als anderswo in Deutschland.

diesen Umständen dadurch mittelfristig der Trend zur
umgekehrten Alterspyramide. Damit hat das Ruhrgebiet eine Vorreiterolle für die Entwicklung in NRW und
in Gesamtdeutschland. Es hat aber auch die Chance,
zukunftsweisende Strategien und Dienstleistungen dafür zu entwickeln, wie man den zahlreichen sozial- und
gesellschaftspolitischen Problemen begegnet, denn
die demografischen Prozesse vollziehen sich schlei-
chend und bieten Potenziale für eine verantwortungs-
volle Entwicklung und die Schaffung geeigneter
Rahmenbedingungen für mehr Lebensqualität, nicht
nur für Ältere. So betrachtet, kann das Ruhrgebiet eine
Vorbildfunktion haben für andere Regionen, die vor
ähnlichen Problemen stehen. Erklärtes Ziel politischer
Bestrebungen ist es deshalb, wieder mehr Familien
und jüngere, qualifizierte Menschen zum Leben und Arbeiten im Ruhrgebiet zu bewegen und die Integration
der ausländischen Bevölkerung weiter voranzutreiben.

**»Der Himmel über dem Ruhrgebiet muss wieder blau
werden« – Umweltbelastung**
Im Ruhrgebiet arbeiten heute wesentlich mehr Menschen im Umweltsektor als im Bergbau. Gelsenkirchen
ist Solarstadt, in Bochum fährt der erste Hybridbus
Nordrhein-Westfalens, in Herne befindet sich die weltweit größte gebäudeintegrierte Fotovoltaikanlage und
das einst gefürchtete sowie klimaschädliche Gruben-
gas der stillgelegten Bergwerke wird in modernen
Blockheizkraftwerken zur Energiegewinnung genutzt.
Es gibt heute zahlreiche Belege dafür, dass das Ruhrgebiet das Image des »dreckigen Kohlenpotts« nicht
mehr verdient.

   Das war nicht immer so, denn als es sich in den
1950er-Jahren zum wirtschaflichen Zentrum des deutschen Wiederaufbaus der Nachkriegszeit entwickelte,
war Umweltschutz kein Thema. Industrielle Großfeue-
rung und Hausbrand setzten Kohlenstaub und Flug-
asche in gigantischen Mengen frei, hinzu kamen Gase

Strukturwandel – Politik und Wirtschaft seit dem Wiederaufbau

Die »Klimahülle« der Akademie Mont-Cenis in Herne erzeugt durch eine verglaste Holzkonstruktion eine mediterrane Atmosphäre, und die Fotovoltaikanlage sorgt für eine umweltfreundliche Energieversorgung.

der chemischen Industrien sowie der Kokereien, und aus den Stahlwerken drang roter Staub, mit dem große Mengen Eisen- und Schwefeloxide in die Atmosphäre drangen. Die Flüsse wurden mit verschiedensten Chemikalien wie Amoniak, Chlor oder Salpetersäure belastet, von den Lärmemissionen durch die Schwerindustrie und dem wachsenden Müllproblem ganz zu schweigen. All diese Umweltbelastungen verursachten zahlreiche Erkrankungen, die Landschaft wurde nachhaltig zerstört. Für jeden sichtbar wurden die Belastungen bei Inversionswetterlagen, wenn die Schadstoffe nicht abzogen und die Sichtweite bis auf wenige Meter eingeschränkt war (Smog). Dennoch gelang es der Industrie, sich lange Jahre erfolgreich aus der Verantwortung zu stehlen und vor Gegenmaßnahmen zu drücken, bis die Proteste von Bürgerbewegungen immer lauter wurden und Willy Brandt vor der Bundestagswahl 1961 forderte: »Der Himmel über dem Ruhrgebiet muss wieder blau werden!«. Damit machte er Umweltschutz zum Wahlkampfthema. Durch verbesserte Filteranlagen und Grenzwertfestlegungen konnte die Luftverschmutzung in den 1970er-Jahren vermindert werden, auch wenn der steigende Individualverkehr durch erhöhten Schadstoffausstoß zunehmend Probleme verursachte. Durch den Niedergang der Montanindustrie und die Entschwefelung der Kohlekraftwerke hat sich die Luftqualität heute erheblich verbessert, Flora und

Der Fernsehfilm »Smog« nach dem Drehbuch von Wolfgang Menge, unter der Regie von Wolfgang Petersen, sorgte 1973 für großes Aufsehen. Er thematisierte die Umweltbelastung in Form der bis dahin unbekannten Mischung aus Live-Dokumentation und Fernsehspiel. Die Handlung schildert die Auswirkungen eines viertägigen Smogalarms im Ruhrgebiet so realitätsnah, dass sich zahlreiche besorgte Bürger beim ausstrahlenden Sender WDR und den Umweltbehörden meldeten.

Fauna erobern sich alte und neue Lebensräume (s. S. 21). Dennoch hat das Ruhrgebiet mit enormen Altlasten der Vergangenheit zu kämpfen, die in den Gewässern sowie in den Böden der ehemaligen Kokerei- und Deponieareale schlummern. Um dem zu begegnen, werden groß angelegte und kostenintensive Programme zur Wiederaufbereitung und Renaturierung durchgeführt (s. S. 120f.).

Networking – die Infrastruktur

Die Verkehrswege sind im Ruhrgebiet aus historischen Gründen sehr gut ausgebaut. Die Eisenbahn war nach dem Hellweg und der frühen Schifffahrt auf Lippe und Ruhr das wichtigste Verkehrsmittel zur Erschließung der Region. Noch heute ist das Eisenbahnnetz mit seinen zahlreichen Werksbahnen und fünf großen Ran-

Der Wissenschaftspark in Gelsenkirchen

Strukturwandel – Politik und Wirtschaft seit dem Wiederaufbau

gierbahnhöfen in Hagen-Vorhalle, Hamm, Oberhausen-Osterfeld Süd, Schwerte und Wanne-Eickel eines der größten in Europa. Es umfasst rund 1.600 Gleiskilometer mit 70 Bahnhöfen der Deutsche Bahn AG für 13 ICE-/IC-, 13 Regionalexpress-, 25 Regionalbahn- und acht S-Bahn-Linien. Der Transport industrieller Produkte und Waren über die Schiene ist im Ruhrgebiet bis heute von großer Bedeutung durch die Anbindung an die großen europäischen Metropolen und die feine Verästelung des Netzes, das Werksbahnen mit den großen Häfen verknüpft.

Mit einem Binnenschifffahrtsnetz von 272 km Länge hat das Ruhrgebiet das dichteste Kanal- und Hafensystem Europas. Rhein, Ruhr, Rhein-Herne-Kanal, Wesel-Datteln-Kanal, Datteln-Hamm-Kanal, Dortmund-Ems-Kanal und der Ruhrschifffahrtskanal erschließen die Region und dienen neben dem Gütertransport auch als Naherholungsraum (im Volksmund auch bekannt als »Kumpelriviera«). Insgesamt finden sich 80 Häfen, wobei allein der Duisburger Hafen, der größte Binnenhafen Europas, über 22 Hafenbecken, 180 ha Wasserfläche und 40 km Ufer (davon allein 17 Umschlagufer mit Gleisanschluss) vorweist. Aufgrund seiner Anbindung an die Nordsee und seiner günstigen Lage im europäischen Straßen- und Eisenbahnnetz wurde er mit zunehmendem globalen Handel in den vergangenen

Die Duisburg-Ruhrorter Häfen sind von wachsender Bedeutung für Handel und Logistik im Ruhrgebiet und in Europa.

Jahren zu einem modernen Logistikstandort ausgebaut, an dem im Jahr 2007 insgesamt über 110 Millionen Tonnen umgeschlagen wurden. Der Dortmunder
Hafen ist der größte Kanalhafen Europas, hat allerdings durch den Rückzug der Stahlproduktion aus dem
Bereich an Attraktivität verloren. Gewonnen hat Dortmund hingegen dagegen durch den Flugverkehr, denn
in der Stadt befindet sich mit dem Flughafen Dortmund der einzige bedeutende Verkehrsflughafen des
Ruhrgebiets, der 2008 2,3 Millionen Reisende abfertig-
te. Für die Region wichtiger sind jedoch die internationalen Flughäfen Düsseldorf und Köln/Bonn, die für
Passagiere aus dem Ruhrgebiet über das Schienennetz
und Autobahnen in kurzer Zeit gut erreichbar sind. Ge-
schäfts- und Charterflugverkehr findet außerdem auf
dem Regionalflughafen Essen/Mülheim statt. Darüber
hinaus existieren im Ruhrgebiet und seiner Peripherie
mehrere Flugplätze für Segel- und Motorflugbetrieb,
unter anderem in Marl, Hamm und Bottrop-Kirchhel-
len. Sie werden meist von privaten Flugsportvereinen
genutzt und teilweise auch betrieben.

Brummi-Alarm auf den Straßen

Im Verhältnis zum Eisenbahn- und Kanalausbau wurde
der Straßenbau lange vernachlässigt, da er aus Sicht
der finanzierenden Unternehmen weniger bedeutend
war für den Gütertransport. Die Menschen hatten ihren Lebensmittelpunkt zunächst häufig in der Nähe
ihres Arbeitsplatzes, sodass die meisten Wege zu Fuß
zurückgelegt werden konnten. Um den zunehmenden
Personenverkehr zu bewältigen, wurde das Straßen-
bahnnetz ausgebaut, denn Individualverkehr war im 19.
Jh. noch kaum ein Thema. Erste Autobahnbauten wurden unter den Nationalsozialisten auch mit Blick auf
militärische Ziele vorangetrieben. Ein wirkliches Autobahnnetz entstand jedoch erst in den 1960er-Jahren,
und seitdem ist viel Beton und Asphalt verbaut worden, sodass heute allein rund 4.700 km überörtliche

Strukturwandel – Politik und Wirtschaft seit dem Wiederaufbau

So leer ist es auf dem Ruhrschnellweg selten.

Verkehrswege existieren und damit das dichteste Fernstraßennetz Deutschlands bilden. Die Bundesautobahnen haben dabei mit 12,9 % einen im Vergleich zur Bundesrepublik (5 %) auffallend hohen Anteil, auf denen die 3,1 Millionen angemeldeten Fahrzeuge vor allem in Stoßzeiten für hohe Belastungen sorgen. Besonders für Ortsfremde stellen die zahlreichen Kreuzungspunkte und Anschlussstellen Herausforderungen an den Orientierungssinn dar. Typisch für das engmaschige Autobahnnetz im dicht besiedelten Ruhrgebiet sind die kilometerlangen Lärmschutzwände, die den Anwohnern ein Mindestmaß an Wohnqualität bewahren sollen. Wie beim Schienen- und beim Wasserstraßennetz dominiert auch beim Ausbau des Autobahnnetzes die Ost-West-Ausrichtung. Die wichtigste und am meisten frequentierte Fernstraßenverbindung ist der sogenannte Ruhrschnellweg (B 1/A 40), der aufgrund seiner hohen Verkehrsbelastung von täglich bis zu 100.000 Fahrzeugen auch ironisch als »Ruhrschleichweg« bezeichnet wird. Es handelt sich dabei um die Bundesautobahn 40, die bereits eine lange Geschichte als Handels- und Heeresstraße hat. Im Kaiserreich war der ehemalige Hellweg Teil der Reichsstrasse zwischen Aachen und Königsberg. Der heutige »Ruhrschnellweg« hat seinen Ursprung im Ausbau zur R 1, die in nationalsozialistischer Rhetorik als Verbindung

»quer durchs Reich, von der Maas bis an die Memel, von Aachen bis hinter Königsberg« gepriesen wurde. Sie wurde bis 1935 zweispurig ausgebaut und nach dem Zweiten Weltkrieg in Bundesstraße 1 umbenannt. Nach weiterem Ausbau wurde sie 1992 großenteils zur A40 hochgestuft und führt heute von der holländischen Grenze bei Venlo bis zur westlichen Stadtgrenze von Dortmund. Sie verläuft als autobahnähnlich ausgebaute B 1 durch das Dortmunder Stadtgebiet und geht danach in die A44 über, während die »alte« B 1 weiter bis nach Berlin und zur polnischen Grenze führt.

Die Bundesautobahn 2 (A2) ist die zweite große Ost-West-Achse, die in den 1930er-Jahren als Verbindung von Berlin mit dem Ruhrgebiet und dem Rheinland entsteht. Sie wird bewusst im nördlichen Bereich des Ruhrgebiets geplant, da der Bergbau nach Norden wanderte und man gleichzeitig die Bergsenkungsgebiete meiden will. Sie durchquert die Region von Oberhausen im Westen bis nach Hamm. Der sogenannte Emscherschnellweg ist die dritte Ost-West-Verbindung für den automobilen Fernverkehr im Ruhrgebiet. Die A42 liegt zwischen der A2 und der A40. Der erste Bauabschnitt wird 1968 fertiggestellt und bis in die 1980er-Jahre nach und nach verlängert. Heute verbin-

Autobahnen zu Kulturräumen

Die große Bedeutung der Autobahnen für das Ruhrgebiet spiegelt sich auch in ihrer Einbeziehung in künstlerische Projekte. Bereits 1987 wurde eine Fußgängerbrücke über die B 1 im Dortmunder Westen von einer Künstlergruppe zu einem Lichtkunstwerk gestaltet, sodass sie nachts in den Farben des Regenbogens illuminiert wurde. Das Konzept wurde 2008 beim Neubau der Brücke, die als eine Art symbolisches Stadttor fungiert, übernommen. Darüber hinaus diente die A40 2009 als Teil der Kulisse für eine Operninszenierung in Mülheim. Im Kulturhauptstadtjahr 2010 wird die Schnellstraße an einem Tag für den Verkehr gesperrt und eine 60 Kilometer lange Tafel aufbaut, um ein großes Straßenfest zu feiern; die A42 wird zur sogenannten Parkautobahn umgestaltet, indem Schallschutzwände sowie Grün- und Mittelstreifen künstlerisch gestaltet werden.

det sie die linksrheinische A57 mit der A45 (Sauer-
landlinie) am Autobahnkreuz Castrop-Rauxel-Ost auf
einer Länge von 58 Kilometern.

Die bedeutendsten Nord-Süd-Verbindungen stellen
die A3 im Westen, die A43 und die A45 im zentralen
Bereich sowie die A1 im Osten des Ruhrgebiets dar.
Aufgrund der Ost-West-Ausrichtung des Ruhrgebiets
tangieren diese Fernstraßen die Region jedoch nur auf
vergleichsweise kurzer Distanz. Eine weitere Nord-
Süd-Verbindung scheitert seit Jahren am Widerstand
von Bürgerinitiativen in Essen und Gladbeck, durch deren Stadtgebiet der geplante Lückenschluss der A52
führen würde.

Ob der Individualverkehr im Ruhrgebiet angesichts
einer abnehmenden und älter werdenden Bevölkerung
noch eine langfristige Zukunft haben wird, ist fraglich,
da die Mobilität älterer Menschen erfahrungsgemäß
eher abnimmt. Eine weitere Osterweiterung der EU
und die damit verbundene Ausdehnung des internationalen Handels machen allerdings eine weitere
Zunahme des Schwerlastverkehrs und eine damit einhergehende, weiter steigende Verkehrs- und Umweltbelastung wahrscheinlich. Der prognostizierte starke
Zuwachs des Verkehrsaufkommens besonders durch
den LKW-Transitverkehr wird die Straße auch in den
nächsten Jahrzehnten zum wichtigsten Verkehrsträger
im Ruhrgebiet machen und veranlasste die Entschei-
dungsträger trotz Bürgerprotesten zum sechsstreifigen
Ausbau der betroffenen Streckenabschnitte.

Öffentlicher Personennahverkehr (ÖPNV)

Nach dem Stopp des Metrorapid 2003, der als Magnet-
schwebebahn zwischen Dortmund und Köln geplant
war, sollen in Zukunft die bestehenden Trassen für einen schnellen Rad-/Schiene-gebundenen Rhein-Ruhr-
Express ausgebaut werden, der ab 2015 das neue
Rückgrat des ÖPNV darstellen soll. In den großen Städten versorgen Straßenbahn- und Stadtbahnlinien die

Bevölkerung über und unter der Erde, doch die am meisten eingesetzten öffentlichen Verkehrsmittel sind Busse. Der öffentliche Personennahverkehr wird von kommunalen Verkehrsunternehmen und Eisenbahnverkehrsgesellschaften bewältigt, die seit 1980 im »Verkehrsverbund Rhein-Ruhr« (VRR) zusammengeschlossen sind. Das Verbindungsnetz innerhalb und zwischen einzelnen Großstädten ist gut ausgebaut. Außerhalb der Hauptverbindungsachsen sowie in den Randbereichen ist das Fortkommen jedoch besonders in den Nebenzeiten sehr schwierig. Viele Ruhrgebietsbürger können deshalb auf das Auto nur schwer verzichten und der 11 %ige Anteil des ÖPNV am Gesamtverkehr birgt im Vergleich mit anderen großen Ballungsräumen noch erhebliches Entwicklungspotenzial.

Guter Ruf ist harte Arbeit – Imagewandel

Auf politischer Ebene reift Ende der 1960er-Jahre die Erkenntnis, dass zu einem gelungenen Strukturwandel auf wirtschaftlicher Ebene auch eine Aufwertung weicher Standortfaktoren nötig sein würde, um die Region vor einem Niedergang nach dem Rückzug der alten Industrien zu bewahren und sie attraktiv zu machen für neue Investoren, Unternehmen und Bürger. Nachdem in den 1950er- und in der ersten Hälfte der 1960er-Jahre der Wiederaufbau und die Schaffung von Wohnraum sowie Gewerbe- und Industrieflächen im Vordergrund gestanden hatten, rückt ab Mitte der 1960er-Jahre die planerische Vorsorge für andere Grundbedürfnisse der Menschen in den Blick. 1968 beschließt die Landesregierung NRW das »Entwicklungsprogramm Ruhr 1968–1973«, einen mittelfristigen Handlungsplan zur Verbesserung der öffentlichen Grundausstattung im Ruhrgebiet. Neben der Planung von neuen Infrastruktureinrichtungen und Fußgängerzonen in verkehrsberuhigten Innenstädten, die deren Attraktivität und die Ansiedelung des Einzelhandels fördern sollen, werden zusätzliche Erholungsflächen und Sportanla-

gen in den Städten geschaffen. Das ist die Geburts-
stunde der Revierparks, die unter der Leitvorstellung
geplant wurden, möglichst vielfältige Einrichtungen an
gut erreichbaren Standorten zu bündeln. Trotz der frühen Beachtung des regionalen Imageproblems und
erster Untersuchungen beginnt erst gegen Mitte der
1980er-Jahre eine verstärkte Auseinandersetzung
mit der Außenwirkung der Region als wichtigem
Standortfaktor, und erst 1985 wird vom damaligen
»Kommunalverband Ruhrgebiet« (heute RVR) die erste
große Imagekampagne für das Ruhrgebiet auf den Weg
gebracht. Sie startet als erster Teil einer langjährig an-
gelegten Kampagne mit dem Slogan »Das Ruhrgebiet –
ein starkes Stück Deutschland«. Dieser erste Teil hat
das Ziel, mehr Akzeptanz für den Wohn- und Standort
zu schaffen. Die Adressaten dieser Kampagne sind im
Besonderen die Ruhrgebietsbürger selbst, denn ohne
eine Identifikation der Bewohner mit ihrer Region ist
ein Strukturwandel nicht möglich. In diesem Sinne ist
die Kampagne ein Erfolg, die Identifikationswahrneh-
mung wird erneuert und eine Verbundenheit mit der
Region entsteht. Der zweite Teil der Imagekampagne
thematisiert ab 1993 den Wandel der Region von der
Industrielandschaft zu einer modernen Zukunftsregion
in Europa mit dem Slogan »Der Pott kocht«. Auf Plakat-
wänden, in Zeitungen und Zeitschriften sowie in
Kinospots wird ein anderes, ein »neues« Ruhrgebiet
gezeigt. Die »Route der Industriekultur« wird vorge-
stellt und die Relikte der industriellen Vergangenheit

»Stadt Ruhr«
Im November 2008 haben 400 namhafte Persönlichkeiten aus
Wirtschaft, Politik, Kultur und Gesellschaft symbolisch die größte deutsche Stadt, die »Stadt Ruhr« gegründet, deren Unterstüt-
zerzahl stetig wächst. Durch bürgerschaftliche Initiativen soll
Druck auf Politik und Verwaltung ausgeübt und die alte Idee einer gemeinsamen Stadt mit einem gewählten Ruhrparlament,
einheitlicher Verwaltung, Verkehrsplanung und einem einheitli-
chen Wirtschaftsraum vorangetrieben werden.

der Region mit ihren neuen Funktionen stehen dabei im Mittelpunkt. Zechen und andere stillgelegte Industrieanlagen werden zum Kunstobjekt, zur Ausstellungshalle, zum Klettergerüst oder zum Naturpark. Die Adressaten sind nicht nur Investoren, Einheimische und Zugezogene, sondern auch und gerade Gäste und Kurzurlauber. Während es zuvor darum ging, Imagedefizite im Vergleich mit anderen Regionen aufzuholen, nach dem Motto »Das

Im Nordsternpark wird Architektur zu Landschaftskunst.

haben wir auch«, wird nun auf das neue Selbstbewusstsein der Region abgezielt mit der Haltung »Das gibt es nur hier«. So soll ein positives Lebensgefühl vermittelt werden, mit dem Ziel, die Region nicht mehr nur mit Kohle und Stahl sowie damit verbundener Arbeitslosigkeit und Krisen zu assoziieren, sondern mit Modernität, Wandel und Lebensfreude. 2009 war das Ruhrgebiet Gastgeberregion auf der weltgrößten Touristikmesse ITB in Berlin und präsentierte sich als moderne Dienstleistungsregion mit hohem Erholungs- und Freizeitwert. Ausgedehnte Grünflächen, Wasserwege und Vorzeigeprojekte wie der ausgezeichnete Ruhrtalradweg und die einzigartige Industriekultur sollen die Besucher immer wieder staunen lassen.

Die künftigen Anforderungen können jedoch nicht mit einer Imagekampagne allein gelöst werden. Die Ruhrgebietsstädte müssen in Zukunft ihren gemeinsamen Handlungsspielraum optimieren. Das verlangt auch einen Umbruch auf administrativer Ebene, denn Alleingänge einzelner Kommunen, drei Regierungsbezirke und zwei Landschaftsverbände bieten keine guten Voraussetzungen. Immerhin ist die Einsicht bei den elf kreisfreien Ruhrgebietsstädten soweit gereift, dass sie sich unter dem Namen »Städteregion Ruhr 2030« zu einer interkommunalen Kooperation zusammengе-

Autobahnbeschilderung
an der A43

funden haben, um gemeinsam mit der Fakultät für Raumplanung der Universität Dortmund über die Zukunft der Region nachzudenken. Unter dem Motto »Kooperation und Eigensinn« soll dabei das Kirchturmdenken der Akteure überwunden werden, ohne dabei jedoch die eigenen Interessen aus dem Auge zu verlieren. Dabei ist bereits der sogenannte »Masterplan Ruhr« entstanden, in dem Planungs- und Entwicklungsziele zu den Bereichen Wohnen, Stadtentwicklung und »Region am Wasser« formuliert sind. Darüber hinaus wird ein regionaler Flächennutzungsplan erarbeitet. Ein weiterer Schwerpunkt liegt auf der Entwicklung des Ruhrtals, mit dem Ziel, die bestehenden touristischen Potenziale weiterzuentwickeln und zu vermarkten.

Kulturhauptstadtjahr 2010 als Chance

Eine praktische Herausforderung für die Zusammenarbeit der Städte und Gemeinden stellt das Jahr 2010 dar, in dem das Ruhrgebiet die »Kulturhauptstadt Europas« ist. Hier hat die Region als Ganzes die seltene Gelegenheit, einer internationalen Öffentlichkeit die zahlreichen positiven Ergebnisse des strukturellen Wandels von der Montanindustrie zur modernen Wissens- und High-Tech-Gesellschaft zu präsentieren und dem nach wie vor bestehenden Informationsmangel zu begegnen. Denn vor allem außerhalb der Region ist das Bild des Ruhrgebiets bislang noch immer von seiner industriellen Vergangenheit geprägt – ein Eindruck, der nicht mehr der Realität entspricht. Das Kulturhauptstadtjahr 2010 und die damit einhergehende Aufmerksamkeit bieten dem Ruhrgebiet die Möglichkeit, sich als eine attraktive Kulturregion zu präsentieren. Zur besseren Vermarktung haben sich wichtige Institutionen auf den Begriff »Ruhr« verständigt. So heißt der ehemalige »Initiativkreis Ruhrgebiet«, ein Zusammen-

schluss 69 großer Industrieunternehmen der Region,
seit 2008 »Initiativkreis Ruhr«, die Wirtschaftsregion
präsentiert sich nach außen unter dem Titel »Metropole Ruhr« und die Gesellschaft zur Durchführung der
Kulturhauptstadt heißt Ruhr.2010 GmbH.

Bei der Darstellung nach außen bemühen sich die
Akteure im Sinne einer Markenbildung um ein einheitli-
ches Erscheinungsbild. Zum ersten Mal trägt mit der
Stadt Essen als Bannerträgerin eine ganze Region den
Titel Kulturhauptstadt Europas. Rund 200 Projekte verschiedener Größenordnungen sollen nach dem Willen
der Organisatoren die gesamte Region mit einbe-
ziehen und ihre Vielfalt präsentieren mit dem Ziel,
eine nachhaltige Entwicklung voranzutreiben. Um
diese komplexe Aufgabe zu schultern, wurden vier
Programmschwerpunkte konzipiert: Im Bereich Architektur und Bildende Kunst werden Projekte realisiert,
die Ideen einer europäischen Metropole widerspiegeln.
Eines der Leitprojekte trägt den Titel »Schachtzeichen«,
bei dem an 400 Orten Ballons installiert werden, die
damit jene Orte markieren, an denen einst Zechen
standen. Auch im Bereich der darstellenden Künste
steht die Idee der vernetzten Region im Zentrum,
indem lokale Akteure der kulturellen Öffentlichkeit zu-
sammenarbeiten. So werden etwa beim Projekt
»!Sing - Day of song« Sängerinnen, Sänger und Chöre
aus dem gesamten Ruhrgebiet und den internationalen
Partnerstädten gemeinsam singen. Dem Thema der
kulturellen Vielfalt widmet sich der Bereich Migration,
Literatur und Geschichtskultur. So erhalten etwa
die rund 170 Einwanderernationen mit dem interkultu-
rellen Kulturfest »Melez« eine Bühne, während es
im Bereich Kreativwirtschaft darum geht, die Bedingungen für diesen Wirtschaftszweig nachhaltig zu
optimieren, was in dem Umbau eines ehemaligen
Brauereigebäudes in Dortmund zum neuen Zentrum
für Einrichtungen aus diesem Bereich seinen sichtbaren
Ausdruck findet.

IBA – Emscher – Perspektiven

Als großes Vorbild für ein gelungenes regionalpolitisches Projekt dient die von der Politik initiierte »Internationale Bauausstellung Emscher Park« (IBA). Um den Strukturwandel in der Emscher-Region voranzutreiben, veranstaltete das Land NRW die IBA zwischen 1989 und 1999 unter der Leitung von Prof. Karl Ganser. Im Unterschied zu allen vorangegangenen Bauausstellungen stand hierbei eine ganze Region mit 17 beteiligten Städten zwischen Duisburg und Bergkamen im Mittelpunkt, die als Ganzes oder mit einzelnen Stadtteilen nördlich der als Ruhrschnellweg bekannten Autobahn A40 liegen, denn diese bildet die imaginäre Trennlinie zwischen dem wohlhabenden Süden und den strukturschwächeren Gebieten im nördlichen Teil, der nicht immer zurecht als Hinterhof des Ruhrgebiets bezeichnet wird. Die Aufgabe der IBA war es, mit neuen Ideen und Projekten im städtebaulichen, sozialen, kulturellen und ökologischen Bereich Impulse für den wirtschaftlichen Wandel zu setzen. In diesem Prozess wurde mit vielen Partnern auf breiter Basis gearbeitet: mit Gemeinden, Unternehmen, Verbänden, Initiativen und Bürgern. Mit umgerechnet rund 2,5 Milliarden Euro Investitionssumme wurden 120 Projekte realisiert, darunter der »Emscher Landschaftspark«. Hierzu wurden Orte der industriellen und montanen Vergangenheit von Altlasten befreit, zu riesigen Parklandschaften umgebaut und der Öffentlichkeit zugänglich gemacht. Abraumhalden wurden begrünt und mit Landschaftskunst zu neuen Erholungsräumen aufgewertet, die Gebäude, Hallen und Anlagen wurden zu Spielstätten für Kulturveranstaltungen oder zu Gründerzentren für Dienstleister umgebaut und die gigantischen Monumente wurden über regionale Grünzüge zur »Route der Industriekultur« miteinander verbunden. Heute ist dieser Landschaftspark über ehemalige Bahntrassen, die zu Fahrradwegen umgebaut wurden, erfahrbar, und an vielen Orten sind die Spuren der IBA Emscher Park sichtbar. Auf der einen Seite stellen die industriekulturellen Objekte und landschaftlichen Infrastrukturprojekte bedeutende Orte für Naherholung und Kultur dar, so etwa die

Das Tetraeder bei Bottop wurde im Rahmen der IBA Emscher Park errichtet und dient heute als begehbare Landmarke.

Zeche Nordstern im gleichnamigen Park in Gelsenkirchen, der Gasometer in der »Neuen Mitte« Oberhausen und der Landschaftspark-Nord auf dem Gelände eines Hüttenwerkes in Duisburg. Andererseits ist die Idee der IBA auch organisatorisch weitergetragen worden und findet z.B. in der alljährlich stattfindenden »Ruhr-Triennale« eine Fortsetzung. Die erfolgreiche Bewerbung des Ruhrgebiets zur Kulturhauptstadt Europas 2010 wäre ohne diese Erfahrungen und insbesondere ohne die entstandenen Orte und Räume kaum denkbar gewesen. Ein weiteres zentrales Projekt, das während der IBA begonnen wurde, wird auch in den nächsten Jahren fortgeführt: der ökologische Umbau des Emschersystems. Wo Industrie und Bergbau die Landschaft prägten und übel riechende Abwasserkanäle die Lebensqualität beeinträchtigten, soll die Emscher bald als blauer Fluss durch neue Parks und Wohnquartiere fließen.

Emschergeschichte

Blickt man auf die Karte des Ruhrgebiets, ist der 85 Kilometer lange Flusslauf der Emscher von seiner Quelle in Holzwickede bis zu seiner heutigen Mündung in den Rhein bei Dinslaken die zentrale Verbindungsachse der Region. Einst war die Emscher ein kleiner, gewundener Wasserlauf mit Mühlen, Wehren, artenreicher Flora und Fauna, und in ihren Niederungen lebten wilde Pferde, von denen heute noch eines das Herner Stadtwappen ziert. Doch diese Idylle nimmt ein jähes Ende, als immer mehr Abwasser der Haushalte und Grubenwasser der Bergwerke in den Fluss entlassen werden, der dadurch früh zu einer Kloake des Ruhrgebiets verkommt, was aufgrund der mitgeführten Fäkalien zu steigender Seuchengefahr führt. Da die Verursacher nicht in der Lage sind, die Probleme selbst zu bewältigen, wird 1899 die »Emschergenossenschaft« als Zwangsvereinigung der betroffenen Kommunen und einleitenden Großbetriebe gegründet, das flache, mäandernde Gewässer wird vertieft, begradigt, eingedeicht und zu einem gigantischen offenen Abwasserkanal für das Ruhrgebiet umgebaut. Die Eingriffe führen dazu, dass die Emscher in den 1920er-Jahren von der Liste der natürlichen Flüsse gestrichen wird. Bis heute liegt die Aufgabe der »Emschergenossenschaft« in der Abwasserreinigung, der Sicherung des Abflusses, im Hochwasserschutz und in der Gewässerunterhaltung. Die durch den Bergbau hervorgerufenen Bergsenkungen wurden durch immer höhere Deiche ausgeglichen, sodass die Emscher heute an einigen Stellen sogar einige Meter über dem Niveau der Umgebung liegt. Dies bedeutet jedoch auch, dass Zuflüsse, die das umliegende Land entwässern, nach oben

Die Emscher, der begradigte Industriefluss, soll bald wieder sauberes Wasser führen.

in die Emscher gepumpt werden müssen. Ohne die Eindeichung und das Abpumpen stünden große Teile der Emscherregion unter Wasser.

Bergschäden

Durch den untertägigen Abbau entstehen Hohlräume, die sich durch nachsackendes Gestein wieder schließen. An der Erdoberfläche führt diese zur Entstehung von Senkungsmulden, die schwere Schäden an Gebäuden, Verkehrswegen oder land- und forstwirtschaftlich genutzten Flächen verursachen können. Im Ruhrgebiet führt das häufig zu Rissen in Hausfassaden, und teils kommt es zum Bruch von Versorgungsleitungen. Senkt sich die Oberfläche unter den Grundwasserspiegel, entstehen Feuchtgebiete oder Bergsenkungsseen; in Gebieten ehemals oberflächennahen Kohleabbaus kann es zu spektakulären Tagesbrüchen kommen.

Umbau und Renaturierung:

Bis vor einigen Jahren gab es keine Alternativen zur offenen Abwasserentsorgung, doch mit dem Ende bzw. der Nordwanderung des Bergbaus im Ruhrgebiet stellen Bergsenkungen kein Hindernis mehr dar, sodass mit dem Bau von unterirdischen Kanälen und der Renaturierung der Emscher begonnen wird. Gleichzeitig wird ein dezentrales Abwasserklärsystem aufgebaut. Das zentrale Bauwerk im Rahmen der Renaturierung der Emscher bildet der 51 Kilometer lange, unterirdische Emscherkanal von Dortmund bis Dinslaken, der die offene Abwasserableitung ersetzen und bis 2017 fertiggestellt sein soll. Daran anschließend kann die Emscher in weiteren Bereichen naturnah umgestaltet werden. Erste Schritte in Richtung des ökologischen Umbaus des Emschersystems wurden bereits mit der »IBA Emscher Park« gemacht. So wurde der Emscherquellhof grundsaniert, und bereits zu großen Teilen renaturierte Zuflüsse wie der Deinighauser Bach in Castrop-Rauxel bieten wieder Lebensräume für seltene Tiere und Pflanzen.

Perspektiven

Als das Neue Emschertal steht das Großprojekt beispielhaft für den Strukturwandel der Region unter dem Motto der Kulturhauptstadt »Wandel durch Kultur – Kultur durch Wandel«. Das Ziel der Arbeitsgemeinschaft, bestehend aus »Emschergenossenschaft« und »Regionalverband Ruhr«, ist dabei die Schaffung eines durchgehenden Ost-West-Grünzuges entlang der Emscher bzw. des Rhein-Herne-Kanals als Ergänzung zu bereits bestehenden Nord-Süd-Grünzügen im Emscher Landschaftspark. Die Neugestaltung ist ein zentrales Element des Generationenprojekts »Emscher Landschaftspark«, das ganze Wohngebiete und Stadtteile aufwerten, neue Lebensqualität schaffen und Entwicklungsperspektiven für das Ruhrgebiet bringen soll. Im Rahmen von Ruhr.2010 sind Kunst- und Kulturprojekte geplant, die dem Fluss sowie den angrenzenden Gebieten wieder zu größerem Interesse und einem besseren Image verhelfen sollen, um hier langfristig attraktiven Lebens- und Wirtschaftsraum entstehen zu lassen. Eine besondere Funktion kommt dabei der sogenannten Emscher-Insel zu, die über eine Länge von 34 Kilometern zwischen Oberhausen und Castrop-Rauxel von Emscher und Rhein-Herne-Kanal gebildet wird. Hier gibt es Wohnsiedlungen mit Grünanlagen, Kleingärten und Sportstätten, aber auch industrielle und gewerbliche Produktionsstätten, Brachen und Kohlehalden sowie eine historische Kulturlandschaft mit landwirtschaftlichen Nutzflächen.

Durchschnittlich alle 400 Meter überspannt eine Brücke den Emscherlauf. Um die Insel aus verschiedenen Perspektiven erfahrbar zu machen, werden verschiedene Standorte am Wasser, Aussichtspunkte und Brücken in Szene gesetzt, und Künstler werden sie als Ausstellungsraum für Landartprojekte u.ä. nutzen.

Beispielhaft für den Umbau des Emschertals ist auch das Großprojekt Phoenix im Dortmunder Ortsteil Hörde, eines der ehrgeizigsten Vorhaben in der Geschichte der Stadterneuerung. Auf dem Gelände der ehemaligen Hermannshütte entsteht ein See mit umliegender Wohn- und Gewerbebebauung. Zusammen mit einem 110 Hektar großen Technologiepark und einem 60 Hektar großen Park verändert der Phoenix-See das ehemals von Schwerindustrie geprägte Bild des Stadtteils tiefgreifend. Der Flachwassersee ist mit seinen 24 Hektar größer als die Hamburger Binnenalster. Neben der aufgelockerten Wohn- und Gewerbebebauung sind auch Freizeiteinrichtungen wie Yachthafen, Seebühne, Vergnügungsinseln, Promenade und Gastronomie geplant. Darüber hinaus übernimmt der Grundwassersee eine Hochwasserschutzfunktion, denn er dient der Emscher als Speicherraum.

Das Ruhrgebiet ist ein traditionsreiches Kulturland, dessen vorindustrielle Geschichte sich anhand von archäologischen Funden bis in die Steinzeit zurückverfolgen
lässt. Vor allem an seiner Architektur lässt sich seine
Geschichte ablesen. Vieles ist durch Kriege zerstört,
überbaut oder einfach verfallen, dennoch finden sich
auch Relikte aus der Zeit der römischen Kaiser. So wurden bei Moers die Überreste des ehemaligen römischen
Kastells Asciburgium gefunden, das im Jahr 12 v. Chr. erbaut wurde; auch bei Xanten und Haltern wurden Überreste eines römischen Miltärlagers entdeckt, das auf die
Zeitenwende datiert wird und das Vordringen der Römer
vom Rhein Richtung Osten belegt. Im Tal der Ruhr und in
der Hellwegzone finden sich zahlreiche Burgen, Schlösser und Herrenhäuser (s. S. 36f.), die im Mittelalter von
Adelsgeschlechtern bewohnt wurden. Sie zeugen ebenso wie die vielen Klöster und Kirchen von der Entwicklung der Region seit dem Mittelalter bis ins 19. Jh. In
einigen Kirchen finden sich bedeutende mittelalterliche
Kunstschätze, so etwa der Berswordt-Altar (etwa 1345)
und der Marienaltar des Conrad von Soest (um 1420) in
der Dortmunder Marienkirche, der Domschatz im Essener Münster und die Altäre im Dom von Xanten.

Gut erhaltene, restaurierte Fachwerkarchitektur in
den Altstädten etwa von Essen-Kettwig, Hattingen, Her-

Fachwerkarchitektur im
Hertener Ortsteil Wes-
terholt

decke, Holzwickede, Kamen-Methler, Mülheim, Wester-
holt oder Wetter sind Zeugnisse einer vormals landwirtschaftlich geprägten Gesellschaft.

Andererseits findet man in den großen Städten der
Hellwegzone, die sich während der Industrialisierung
rasant entwickelten, großstädtische Architektur aus
den vergangenen 150 Jahren. In diesen Zeitraum fallen
auch die architektonischen Höhepunkte, die erst mit
der Industrialisierung des Ruhrgebiets entstanden: die
industriellen Anlagen, Arbeitersiedlungen und Unternehmervillen. Ihr kulturhistorischer Wert wurde von
Denkmalschutzbehörden, Unternehmern und Bewoh-
nern gerade noch früh genug erkannt, um einige wichtige Bauwerke vor dem Abriss zu bewahren. Im Rahmen der »Route der Industriekultur« (s. S. 134) wurden
sie teilweise umgenutzt und vermitteln einprägsame
Einblicke in die Industrie-, Technik-, Architektur- und
Kulturgeschichte.

Doch die Region hat neben Architektur auch über 200
Museen, zahlreiche Spielstätten für Theater, Musik und
Tanz sowie Festivals zu bieten, von denen viele bundesweit Beachtung finden. Zusammen mit der Erhebung
von Industrieanlagen zu Denkmälern, der Umdeutung
von Abraumhalden zu Landmarken unter der Marke »Industriekultur« und in Kombination mit seinen großen Naturräumen ist das Ruhrgebiet heute eine der dichtesten
Kulturlandschaften Europas. Das Netz an historischen
und modernen Kulturstätten ist eng verbunden mit der
wirtschafts- und sozialhistorischen Entwicklung sowie
den strukturellen Wandlungsprozessen in der Region.

Sakralarchitektur

Meist zählen Kirchen zu den ältesten Gebäuden der
Städte, aufgrund des demografischen Wandels sind je-
doch zahlreiche Gebäude durch Sparmaßnamen von
Schließung, Umnutzung oder Abriss bedroht. Manch-
mal können historische Bauwerke durch engagierte
Gemeindemitglieder, Fördervereine und andere Initiati-

Die Dorfkirche im
Ortsteil Stiepel ist
Bochums ältestes
Bauwerk.

ven vor dem Verfall gerettet werden. So war es im Fall der Dorfkirche in Bochum-Stiepel, die 2008 ihren eintausendsten Geburtstag in restaurierten Gemäuern feierte. Im 12 Jh. wurde die alte Kirche durch eine romanische Basilika ersetzt, die im Wesentlichen bis heute erhalten ist, und im Innenraum entstanden zahlreiche romanische Wand- und Deckenmalereien, die wieder restauriert wurden. Im 15. Jh. wurde die Kirche ausgebaut, die Seitenschiffe wurden erhöht, ein gotischer Chor ersetzte die romanische Apsis und der Turm wurde aufgestockt. In der Folgezeit entstand eine gotische Ausmalung.

Ihrem Gründungsdatum nach die älteste erhaltene Kirche im historischen Stadtzentrum Dortmunds ist die St. Reinoldi-Kirche, die meist nur Reinoldi-Kirche genannt wird. Der älteste heute noch erhaltene Teil der nun dreischiffigen, dreijochigen romanischen Pfeilerbasilika mit spätgotischem Chor stammt aus der Mitte des 13. Jh.s. Die Reinoldi-Kirche war im Mittelalter als Stadt- und Ratskirche das geistige Zentrum der Reichsstadt Dortmund und bis zur Reformation auch Hauptpfarrkirche. Kennzeichnend sind die hohen Seitenschiffe, die den Eindruck einer monumentalen Hallenkirche hervorrufen, sowie der im 15. Jh. geschaffene Chor, der als Meisterwerk spätgotischer Baukunst gilt. Bis heute ist die nach dem Stadtpatron Reinoldus benannte evangelische Stadtkirche das städtebauliche Zentrum und ein Wahrzeichen der Stadt Dortmund.

Ein Beispiel gotischer Sakralarchitektur findet sich in Breckerfeld mit der Jakobuskirche, einer hochgoti-

schen Basilika aus dem 14./15. Jh., und ein frühbaro-
ckes Kleinod ist die Evangelische Kirche in Alpen. Das
älteste Bauwerk der reformierten Kirche in Deutschland wurde zu Beginn des 17. Jh.s von Kurfürstin Amalia
von der Pfalz in Auftrag gegeben und von dem italienischen Baumeister Johann Pasqualini erbaut.

Backsteinexpressionismus
Die Heilig Kreuz Kirche in Gelsenkirchen (s. S. 126) ist nur ein
Beispiel für die spezielle Variante expressionistischer Architek-
tur, die unter Verwendung von Backstein (Ziegel) oder Klinkern
(Klinkerexpressionismus) in den 1920er-Jahren hauptsächlich in
Deutschland und schwerpunktmäßig im rheinisch-westfälischen
Industriegebiet entstanden ist. Hier erlebte der Backsteinexpressionismus seine größte Verbreitung und wurde so zu
einem regionalen Baustil. Das Material hielt dem Industrieklima
stand und ermöglichte es, ausgewogene, reiche Fassadenge-
staltungen mit vergleichsweise geringem Aufwand herzustellen.
Sowohl in der Industriearchitektur (Werkshallen, Verwaltungsgebäude, Wassertürme etc.) als auch im Wohnungsbau entstanden im ganzen Ruhrgebiet zahlreiche Beispiele. Auch
repräsentative Bauten wie Rathäuser, Postämter, Kirchen und
Bürgerhäuser wurden in Backstein errichtet. Wichtige exempla-
rische Bauten aus dieser Zeit sind das Hans-Sachs-Haus in
Gelsenkirchen, das Rathaus in Oberhausen, das Verwaltungsgebäude des »Regionalverbands Ruhr« in Essen oder das Polizei-
präsidium in Bochum.

Das Oberhausener Rathaus

Die Pfarrkirche Heilig
Kreuz in Gelsenkirchen

Ein großartiges Zeugnis der Sakralarchitektur der
Zeit des Expressionismus ist die Pfarrkirche Heilig
Kreuz in Gelsenkirchen, die zwischen 1927 und 1929
nach den Plänen des Architekten Josef Franke entstand. Besonders beeindruckend ist die aus Ziegeln
gemauerte Fassade des 41 Meter hohen Hauptturms
mit drei Portalen über der Freitreppe. Der sich nach
oben in einer Stufe verjüngende Fassadenblock verbindet die beiden Glockentürme, zwischen denen sich eine riesige Christusfigur befindet, die ebenfalls nur aus
Ziegelmauerwerk gestaltet wurde. Das Kirchenschiff
endet in einem zweiten Turmkomplex, der aus der
Rückansicht an einen Malakowturm erinnert. Das Kir-
cheninnere ist sparsam ausgestattet, beeindruckt aber
durch die ungewöhnliche Gewölbeform, eine 19 Meter
hohe und 17 Meter breite Parabeltonne aus Eisenbeton
mit einer indirekten Lichteinwirkung. Die Bemalung der
Wandflächen entspricht heute wieder dem Zustand der
Erbauungszeit. 2007 wurde die Gemeinde Opfer kirch-
licher Sparpolitik und mit anderen Gemeinden zusam-
mengelegt; über die Folgenutzung des Kirchengebäu-
des wird beraten.

Industriearchitektur

Wie so vieles im Ruhrgebiet ist seine Architektur entscheidend geprägt durch die Industrialisierung. Gigan-
tische Industrieanlagen, Fördertürme, Werkshallen,
Siedlungen und Bahnhöfe wurden dabei zunächst vor
allem unter funktionalen Aspekten gebaut. Während es
zuerst Ingenieure aus den Unternehmen sind, die für
die Planung und Durchführung von Baumaßnahmen
verantwortlich waren, gewinnen im Laufe der Zeit immer öfter auch Architekten an Einfluss. Zechenanlagen
werden zu Gesamtkunstwerken, die Funktionalität und
Ästhetik vereinen, große Hallen werden zu »Kathedra-
len der Arbeit«, Bahnhöfe zu Repräsentationsbauten
der neuen Städte, und Wohnsiedlungen sollen nicht
mehr nur Schlafstätten sein, sondern Lebensräume.

Ein besonders prägnantes Beispiel für die wachsende Bedeutung der Architektur von Werksanlagen stellt die Zeche Zollern in Dortmund-Bövinghausen dar, denn sie wird bereits bei ihrer Entstehung (1898–1904) als Musterzeche geplant. Als Prestigeobjekt der Gelsenkirchener Bergwerks AG dient sie durch ihre aufwendige Bauweise und ihre technisch innovative Ausstattung der Machtdemonstration. Die repräsentativen Gebäude mit prunkvollen Backsteinfassaden sowie die mit zahlreichen Jugendstilelementen geschmückte Maschinenhalle erinnern in ihrer Gesamtheit an eine Schlossanlage. Dieses »Schloss der Arbeit« hat auch eine große symbolische Bedeutung, denn mit der Rettung der Anlage durch bürgerschaftliches Engagement wird 1969 erstmals in Deutschland ein derartiger Industriebau unter Schutz gestellt, und er steht somit für den Beginn von Industriedenkmalpflege und Industriekultur. Monumentale Gebäude und Hallen, wie sie die Industriearchitektur des 20. Jh.s hervorbringt, haben sich zuvor lediglich die katholische Kirche oder absolutistische Herrscher geleistet.

Fast schon sakralen Charakter besitzt auch ein einzigartiges Bauwerk der Industriearchitektur in Duisburg. Das Pumpwerk Alte Emscher, das am Tiefpunkt des Senkungstrichters im Einzugsgebiet der Alten Em-

Die Zeche Zollern in Dortmund wird auch »Schloss der Arbeit« genannt.

scher 1914 errichtet wurde, arbeitet noch heute und ist das älteste Pumpwerk der »Emschergenossenschaft«. Das Baudenkmal zählt mit seinem imposanten Kuppeldach von 41 Metern Durchmesser zu den interessantesten Gebäuden seiner Epoche. Der kreisförmige Grundriss ist durch den besonderen Sicherheitsstandard der Anlage begründet: Auch im schlimmsten Fall, den die Ingenieure bei ihrer Planung zugrunde legten – dem Bruch der Rheindeiche – sollte das Pumpwerk in der Lage sein, das Wasser weiter aus dem Senkungstief zu fördern. Die Kreisform bot statisch die günstigste Voraussetzung, dem Wasserdruck standzuhalten. Die große Höhe von rund 25 Metern war notwendig, da die großen Dieselpumpen viel Abwärme produzierten. Architekt Alfred Fischer (1881–1950) war ein Verfechter moderner Architektur im Stile einer »Neuen Sachlichkeit«, er baute auch den Aussichts- und Wasserturm der Zeche Mont-Cenis im Herner Volkspark, das Hans-Sachs-Haus in Gelsenkirchen oder das Verwaltungsgebäude des RVR in Essen. Um die Jahrhundertwende nehmen die Industriekomplexe die Größe ganzer Städte an, so etwa Krupp in Essen, die Gutehoffnungshütte in Oberhausen, Thyssen in Duisburg, die Henrichshütte in Hattingen, Hoesch in Dortmund oder der Bochumer Verein in Bochum, dessen 1902 errichtete und 2003 umgebaute Jahrhunderthalle seither für Großveranstaltungen und als zentrale Spielstätte der »RuhrTriennale« genutzt wird.

Nachkriegsarchitektur

Dort wo sie nicht den Luftangriffen der Alliierten zum Opfer fielen, findet man in den Städten des Ruhrgebiets gut erhaltene Gründerzeitbauten vom Anfang des 20. Jh.s, wie etwa in der Herner Innenstadt, die in der Nachkriegszeit zum Mekka der Amüsierwilligen aus den zerbombten Nachbarstädten wurde. In Castrop-Rauxel blieb der Altstadtmarkt und damit ein einzigartiges Jugendstil-Ensemble mit unterschiedlich gestalte-

Die Fördertürme der Schachtanlagen sind die Ikonen der Industriearchitektur im Ruhrgebiet, deren Bauweise sich stetig weiterentwickelte: Nach einfachen Holzgerüsten in der frühen Phase des Schachtbergbaus werden ab den 1840er-Jahren stabilere Konstruktionen benötigt, weil es durch den Einsatz der Dampfmaschine möglich wird, in größere Tiefen vorzudringen, um Kohle besserer Qualität zu fördern. Die Fördergerüste werden daher immer höher und mit mächtigen Steinmauern ummantelt, die den wachsenden Kräften standhalten müssen. Die sogenannten Malakowtürme aus Ziegel-Mauerwerk mit quadratischem Grundriss wirken wie Festungstürme einer Burganlage. Und eben daher rührt auch der Name: Das Fort Malakow war eine wehrhafte Festungsanlage vor Sewastopol auf der Krim, die im gleichnamigen Krieg (1853–1856) hart umkämpft war. Durch die Berichterstattung in der Presse avancierte der Name »Malakow« in der Folgezeit zu einem Synonym für Stärke, Monumentalität und Belastbarkeit. Von den einst weit über 100 Malakowtürmen findet man heute noch ein gutes Dutzend im Ruhrgebiet. Ab 1870 werden vorwiegend freistehende Stahlkonstruktionen über die Schächte gebaut. Die häufigsten Formen sind der »englische« Tomson-Bock (wie auf der Zeche Gneisenau in Dortmund), das eingeschossige Strebengerüst (wie auf der Zeche Auguste Victoria in Marl) und das Doppelbockgerüst (wie auf der Zeche Ewald in Herten). Ab den 1920er-Jahren verändert sich die Bauweise nochmals. Es entstehen Hammerkopftürme mit Stahlfachwerk (wie auf der Zeche Minister Stein in Dortmund) und später Anlagen in Betonbauweise (wie auf der Zeche Rossenray in Kamp-Lintfort). Am häufigsten vertreten war im Ruhrgebiet die Bauweise des deutschen Strebengerüstes, eine Weiterentwicklung des Tomson-Bocks.

Der Malakowturm der Zeche Hannover in Bochum-Hordel ist heute Teil des Westfälischen Industriemuseums.

ten Natursteinfassaden von den Bomben verschont, doch die meisten Städte zwischen Ruhr und Emscher sind stark zerstört. Die Wiederaufbaubemühungen gelten den Industrieanlagen, der Infrastruktur und der Wiederherstellung beziehungsweise Neuerrichtung repräsentativer Gebäude. Vielerorts findet man auch heute noch Gebäude im Stil dieser Zeit, der durch Stahl, Beton und Glas gekennzeichnet ist und den besonderen Anforderungen der Nachkriegszeit genügen musste. Der Wiederaufbau galt Mitte der 1960er-Jahre als abgeschlossen.

Zu den wichtigen repräsentativen Bauwerken aus den Jahren zwischen 1950–1965 gehören u.a. das Landesbehördenhaus (1951) in Duisburg, die Westfalenhalle (1952) in Dortmund, das Schauspielhaus (1952–53) und der Bahnhof (1957) in Bochum, das Gesundheitshaus (1959) in Dortmund, das Musiktheater im Revier (1959) in Gelsenkirchen, das organisch geformte, von Alvar Aalto geplante gleichnamige Theater (1959/1988) in Essen und die dortige Grugahalle (1963), das Zeiss-Planetarium (1964) in Bochum, das Geschwister-Scholl-Gymnasium (1956–61) in Lünen von Hans Scharoun, das Haus der Ruhrfestspiele (1961–65) Recklinghausen, die Luise-Albertz-Halle (1962) in Oberhausen, das Postscheckamt (1963–68) in Essen, das Rathaus (1967) und das Wohnhügelhaus (1968) in Marl sowie die Stadt- und Europahalle (1966–76) von Arne Jacobsen in Castrop-

An eine Skischanze erinnert die Architektur der Stadt- und Europahalle Castrop-Rauxel, die nach den Plänen des dänischen Architekten Arne Jacobsen erbaut wurde.

Rauxel. Als ein Beispiel für
die Architektur neu errich-
teter Brücken dieser Zeit
sei hier lediglich auf die
längste Stahl-Straßenbrü-
cke, die Ruhrtalbrücke
(1963–66) bei Mülheim-
Mintard verwiesen.

Im Zuge der Krise im
Montanbereich waren
ganze Industrieanlagen

Die Idylle bei Mintard an
der Ruhr hat einen spe-
ziellen Charme durch
die Brücke der Autobahn
A52.

und Arbeitersiedlungen nutzlos geworden, wurden abgerissen und Brachflächen neu bebaut. Die neu gegründeten Universitäten werden ganz gezielt mit Blick
auf den Strukturwandel errichtet. In Essen entsteht sie
zentrumsnah auf dem Gelände des ehemaligen, traditionsreichen Arbeiterviertels Segeroth, doch in Bochum
liegt der Campus »auf der grünen Wiese«. Der riesige
Betonkomplex der Ruhr-Universität wird im dörflich geprägten Stadtteil Querenburg gebaut und zieht den
Neubau der »Universitätsrahmenstadt« Hustadt nach
sich, die sich am Märkischen Viertel in Berlin orientiert
und den Bediensteten der Universität, den Studenten,
aber auch den Arbeitern des nahen Opel-Werkes
Wohnraum bieten soll. Ein solches Großprojekt ist
auch die Neue Stadt Wulfen (Dorsten), die Anfang
der 1960er-Jahre für 50.000 Bewohner geplant, aber
aufgrund unerfüllter Erwartungen in dieser Form nie
umgesetzt wurde und die heute wieder zurückgebaut
wird.

Die Förderung des Sozialen Wohnungsbaus und der
Bau von Genossenschaftswohnungen hatte nach dem
Krieg zu zahlreichen ausgedehnten Siedlungsanlagen
geführt, der Trend zu Großwohnanlagen setzt sich im
Stil der 1970er-Jahre fort wie z.B. im Fall der Hoch-
haussiedlung Wohnpark Hochheide in Duisburg (1974).
Doch allmählich bewirkt ein verändertes Verständnis
von Städtebau einen Bewusstseinswandel. Pläne zum

Seit 2001 ist auf einem ehemaligen Zechengelände mit Lüntec ein Technologie- und Gründerzentrum aufgebaut worden, dessen Förderturm nach einer Idee von Luigi Colani umgebaut wurde; das »Colani-Ei« dient als Seminar- und Atelierfläche in 37 Metern Höhe.

Abriss von historischen Arbeitersiedlungen treffen immer häufiger auf den wachsenden Widerstand der Bewohner, die, befördert durch ein wachsendes politisches Bewusstsein, stattdessen akzeptable Wohnbedingungen in ihren bestehenden Häusern fordern. So wird zum Beispiel die Siedlung Eisenheim in Oberhausen durch die engagierte Protestbewegung der Bewohner vor dem Abriss bewahrt. Gleichzeitig lenkt der Strukturwandel die Aufmerksamkeit von Wissenschaftlern und Denkmalschützern auf die Bedeutung der historischen Arbeitersiedlungen. Die baulichen und sozialen Qualitäten der Koloniewohnungen werden erkannt, vermehrt gehen Zechenhäuser in Privatbesitz über, werden liebevoll modernisiert und sind heute begehrte Immobilienobjekte, denn häufig sind die ehemaligen Industrieanlagen in unmittelbarer Nähe den neuen naturnahen Erholungsräumen gewichen, die Straßen sind verkehrsberuhigt und man kennt die Nachbarn.

Architektonisch herausragende Bauwerke jüngeren Datums sind vor allem moderne Büro- oder Dienstleistungsgebäude wie etwa das Haus der Wirtschaftsförderung in Duisburg, der markante Turm der RWE-Konzernzentrale in Essen oder das Einkaufszentrum CentrO in Oberhausen. Öffentliche Gebäude überzeugen durch eine moderne Architektur und setzen eindrucksvolle Akzente im Stadtbild, so etwa die Dortmunder Stadtbibliothek von Mario Botta. Sie sind ebenso prägende architektonische Beispiele für den Strukturwandel wie die Umgestaltungen ehemals industriell genutzter Räume, für die der Oberhausener Gasometer, der Landschaftspark-Nord auf dem Gelände eines stillgelegten Thyssen-Hüttenwerks in Duis-

burg oder auch kleinere Gebäude wie die Maschinenhalle Zweckel in Gladbeck oder die ehemalige Zeche
Minister Achenbach in Lünen stehen; sie werden
heute als Kultur- und Freizeiteinrichtungen oder als
Gewerbeflächen für Technologie- und Gründerzentren
genutzt.

Zum Kulturhauptstadtjahr 2010 wird in Dortmund der
ehemalige Stammsitz der Union-Brauerei umgebaut. Im
sogenannten »Dortmunder U« finden Hochschulinstitu-
te, Unternehmen und Künstler aus dem Medienbereich
sowie das Museum am Ostwall eine neue Heimat. In
Essen entstand am Limbecker Platz ab 2006 das größte
innerstädtische Einkaufszentrum Deutschlands, das der
selbst ernannten Einkaufsstadt mit 70.000 Quadratme-
tern Verkaufsfläche ein modernes Beispiel für monumentale Konsumarchitektur brachte. Großen Anteil an
der städtebaulichen Entwicklung im Emscherraum hat
vor allem die »Internationale Bauausstellung Emscher
Park« (IBA), die zwischen 1989 und 1999 den Strukturwandel begleitet und nachhaltige Projekte angestoßen
hat. So wurden etwa ehemalige Bergehalden im Emscherraum begrünt, die heute beliebte Naherholungsge-
biete sind. Auch der Duisburger Innenhafen war ein
IBA-Projekt und gilt heute mit der Umnutzung alter
Gebäude und Flächen sowie der Umsetzung moderner

Das »U« ist das Firmen-
symbol der ehemaligen
Union-Brauerei und heu-
te Wahrzeichen auf dem
neuen »Zentrum für
Kreativwirtschaft« in
Dortmund.

Neue Architektur im
Duisburger Innenhafen:
das Gebäude Five Boats

Architekturkonzepte als Musterbeispiel des Strukturwandels. Das Hafengebiet hatte in den 1960er-Jahren seine Bedeutung als zentraler Handelsplatz verloren, lag 20 Jahre brach, wurde schließlich nach den Plänen des Architekten Sir Norman Foster umgebaut und hat sich heute als Ort etabliert, der Arbeiten, Freizeit, Kultur und Wohnen am Wasser verbindet.

»Route der Industriekultur«
Als die Marketingstrategen der Region erkannten, dass die Industriearchitektur ein Pfund ist, mit dem man wuchern kann, bekamen die Monumente der Montangeschichte klingende Namen wie »Schloss der Arbeit« (Zeche Zollern, Dortmund), »Kathedrale des Industriezeitalters« (Jahrhunderthalle, Bochum), oder »Eiffelturm des Ruhrgebiets« (Zeche Zollverein, Essen). Was zunächst vermessen erscheint, hat sich jedoch als gelungener Schachzug erwiesen, denn mit der Entscheidung, die »Route der Industriekultur« aufzubauen, hat das Ruhrgebiet nun ein Alleinstellungsmerkmal, das nach innen und nach außen wirkt, indem es Zukunftsperspektiven aufzeigt, ohne die Vergangenheit zu ignorieren.

Die größte Industrieregion Europas hat seit Mitte des 19. Jh.s ein einzigartiges industriekulturelles Potenzial hervorgebracht. Nirgendwo in Deutschland gibt es so viele Zeugnisse der Montan- und Schwerindustrie. Zechen, Hochöfen und Stahlwerke, die einst für höchste Produktivität und Innovation standen, sind heute technikgeschichtlich und architektonisch wertvoll und erinnern an die Arbeits- und Lebensbedingungen früherer Generationen. Gleichzeitig bilden sie den Hintergrund für neue Nutzungen in einer nachindustriellen Gegenwart und Zukunft.

Im Zuge der Kohle- und Stahlkrise ab 1960 waren viele Industrieanlagen funktionslos geworden und es bestand nur wenig Interesse daran, die Relikte der lärmenden und umweltbelastenden Schwerindustrie zu erhalten, die für harte körperliche Arbeit standen. Folglich fielen viele Gebäude, Anlagen und Wohngebiete dem Abriss anheim. Auch Zollverein in Essen oder das Hochofenwerk im Landschaftspark Duisburg-Nord waren zum Abriss für die Entwicklung von Gewerbegebieten vorgesehen.

Die »Internationale Bauausstellung Emscher Park« (IBA), das Strukturprogramm des Landes NRW für das nördliche Ruhrgebiet mit dem Leitprojekt »Industriedenkmäler als Zeugen der Geschichte« gab wesentliche Anstöße zu einem Gesinnungswandel. Viele Industrieanlagen wurden dadurch gerettet, sind heute zum Teil Museen oder in einer anderen Weise neu genutzt. Mit der »Route der Industriekultur«, die als ausgeschilderte Themenstraße die wichtigsten Industriedenkmäler des Ruhrgebiets miteinander verbindet, wird die notwendige Klammer geschaffen, um die vielen Zeugnisse und Standorte der Industriekultur als touristische Infrastruktur zu vernetzen. Neben herausragenden IBA-Projekten umfasst sie bereits zuvor bestehende Gebäude und Anlagen wie die Villa Hügel der Familie Krupp in Essen, den Hohenhof in Hagen, das Deutsche Bergbau-Museum Bochum sowie die Standorte des Rheinischen und des Westfälischen Industriemuseums. 1999 wurde die »Route der Industriekultur« im Rahmen der Abschlusspräsentation der IBA eröffnet – ein deutliches Zeichen für den Abschied vom Industriezeitalter. Eine Neu-Orientierung wurde unvermeidbar, denn die Relikte der Vergangenheit sollten von nun an zwischen dem vertrauten Alten und einer ungewissen Zukunft vermitteln.

Mit dem Erfolg der Route bei Einwohnern und Gästen sahen auch die Skeptiker, dass mit dem Erhalt der stillgelegten Industrieanlagen, die für Leistung, Innovation und Arbeitsethos standen, eine Werteumdeutung stattfand – sie standen nun für kulturelle und unternehmerische Neubelebung. Einmal jährlich werden einige der Standorte im Rahmen des Kulturfestes »Extraschicht – die Nacht der Industriekultur« zu spektakulären Kulissen für Inszenierungen internationaler Künstler.

Die 24 Ankerpunkte:
»Welterbe Zollverein«, Essen
(Zeche Zollverein, Kokerei)
Jahrhunderthalle, Bochum
Deutsches Bergbaumuseum, Bochum
Umspannwerk, Recklinghausen
Chemiepark, Marl
Altes Schiffshebewerk, Henrichenburg
Zeche Zollern, Dortmund
DASA, Dortmund
Kokerei Hansa, Dortmund
Maximilianpark, Hamm
Lindenbrauerei, Unna
Hohenhof, Hagen
Freilichtmuseum, Hagen
Zeche Nachtigall, Witten
Henrichshütte, Hattingen
Eisenbahnmuseum, Bochum-Dahlhausen
Villa Hügel, Essen
Aquarius Wassermuseum, Mülheim
Innenhafen, Duisburg
Museum der Deutschen Binnenschifffahrt,
Duisburg
Landschaftspark Duisburg-Nord
LVR Industriemuseum, Oberhausen
Gasometer, Oberhausen
Nordsternpark, Gelsenkirchen

Das Deutsche Bergbaumuseum
in Bochum

Standorte

Heute ist die »Route der Industriekultur« ein Markenzeichen des Ruhrgebiets. Aufgrund der Fülle der industriekulturellen Objekte wurde eine Standorthierarchie
entwickelt, deren Kern 24 Ankerpunkte bilden, die
exemplarisch die verschiedenen Aspekte der Industriekultur wie Architektur, Ingenieurkunst, Land-
schaftsgestaltung, Zeichen des Wandels oder soziale
Auswirkungen thematisieren. Drei Ankerpunkte haben
besonders ausgestattete Besucherzentren: die Zeche
Zollern in Dortmund, die Zeche Zollverein in Essen sowie der Landschaftspark Duisburg-Nord. Sie dienen als
Orientierungspunkte und als Erlebnis- und Veranstal-
tungsorte für Kultur, Unterhaltung und Kongresse. Die

Die 25 Themenrouten:
Duisburg – Stadt und Hafen
Kulturlandschaft Zollverein
Industriekultur am Rhein
Industrie macht Stadt
Krupp und die Stadt Essen
Dreiklang Kohle Stahl Bier
Industriekultur an der Lippe
Erzbahn-Emscherbruch
Industriekultur an Volme und Ennepe
Sole Dampf und Kohle
Frühe Industrialisierung
Geschichte und Gegenwart der Ruhr
Auf dem Weg zur blauen Emscher
Kanäle und Schifffahrt
Bahnen im Revier
Westfälische Bergbauroute
Rheinische Bergbauroute
Chemie, Glas und Energie
Arbeitersiedlungen
Unternehmervillen
Brot Korn und Bier
Mythos Ruhrgebiet
Historische Parks und Gärten
Industrienatur
Landmarken-Kunst

Das Horizontobservatorium und eine große Sonnenuhr auf der rund 150 Meter hohen Halde Hoheward bei Herten sind ein beliebtes Ausflugsziel.

»Route der Industriekultur« verknüpft diese zentralen Standorte der Montanindustrie über Straßen, Schienen, ein Radwegenetz, Wanderwege sowie über Flüsse und Kanäle mit weiteren Sehenswürdigkeiten. Verbunden mit der Hauptroute sind 25 Themenrouten, die damit ein Netz von rund 50 Hauptattraktionen und Hunderten weiterer Standorte des Industriezeitalters im Ruhrgebiet schaffen.

Industriemuseen
Wichtige Bausteine der Route sind die sechs Rheinischen und Westfälischen Industriemuseen sowie weitere überregionale technik- und sozialgeschichtliche Museen. Die dezentral organisierten Industriemuseen

thematisieren verschiedene Bereiche und Phasen der
Industrialisierung an Originalplätzen: Die Anfänge des
Bergbaus in der Wittener Zeche Nachtigall und dem
angrenzenden Muttental, die Hochphase in der Zeche
Zollern II/IV in Dortmund, die Eisenerzverhüttung in
der Hattinger Henrichshütte, die Stahlbearbeitung und
den Maschinenbau im Rheinischen Industriemuseum
in Oberhausen sowie den Kanalbau und die Kanal-
schifffahrt im Schiffshebewerk Henrichenburg in
Waltrop. Die technisch-historischen Museen präsentieren spezielle Aspekte (nicht nur) des Ruhrgebiets im
Überblick. Das Freilichtmuseum Hagen zeigt vor- und
frühindustrielles Handwerk, das Deutsche Bergbau-Museum Bochum die vornehmlich technische
Entwicklung des Bergbaus, die Deutsche Arbeits-
schutzausstellung in Dortmund den Wandel der Arbeitswelt, das Eisenbahnmuseum Bochum-Dahlhausen
und das Museum der Deutschen Binnenschifffahrt in
Duisburg die Geschichte dieser für die Industrialisierung entscheidenden Transportmittel. Museen wie das
Museum Strom und Leben im Umspannwerk Recklinghausen, das Aquarius Wassermuseum in Mülheim oder
die Ausstellung zur Geschichte der Firma Krupp im
kleinen Haus der Villa Hügel widmen sich einzelnen Aspekten. In den Kellergewölben der Lindenbrauerei in
Unna ist mit dem »Zentrum für internationale Lichtkunst« ein besonderer Schwerpunkt gesetzt – es ist

---

»Hellweg – ein Lichtweg«

Das Projekt »Hellweg – ein Lichtweg« definiert sich als modula-
res, erweiterbares System, das kein Skulpturengarten im her-
kömmlichen Sinne ist; es präsentiert einzigartige Werke der
Lichtkunst, die von den Künstlern unter Berücksichtigung spezi-
fischer Eigenschaften für den jeweiligen Ort geschaffen wurden.
Vertreten sind u. a. Mischa Kuball (Bönen), Mario Merz (Unna),
Maik & Dirk Löbbert (Schwerte), Kirsten Kaiser (Hamm), Birgit
Hölmer, Andreas M. Kaufmann (Bergkamen), Tilmann Küntzel
(Fröndenberg), Rochus Aust (Bergkamen), Horst Rellecke, Gün-
ter Dohr (Hamm) sowie Michael Batz (Unna).

das weltweit erste und einzige Museum, das sich ausschließlich dieser Kunstform widmet.

Arbeitersiedlungen
Für die soziale Geschichte der Region und den Städtebau haben die verschiedenen Varianten von Arbeitersiedlungen bis heute große Bedeutung. Unterschiedliche Siedlungstypen werden in der Auswahl von 13 herausragenden Siedlungen als Teil der Hauptroute berücksichtigt: Flöz Dickebank (Gelsenkirchen), Dahlhauser Heide (Bochum), Teutoburgia (Herne), Alte Kolonie Eving (Dortmund), Ziethenstrasse (Lünen), Lange Riege (Hagen), Altenhof II (Essen), Margarethenhöhe (Essen), Siedlung Rheinpreußen (Duisburg), Alt-Siedlung Friedrich Heinrich (Kamp-Linfort), Eisenheim (Oberhausen), Gartenstadt Welheim (Bottrop), Siedlung Schüngelberg (Gelsenkirchen).

Panoramen und Landmarkenkunst
Im südlichen Ruhrgebiet, im Ruhrtal, sind es meist natürliche Erhebungen, im flachen nördlichen Ruhrgebiet sind es künstliche Berge, die als Aussichtspunkte dienen. Diese bis zu 100 Meter hohen Aufschüttungen von taubem Gestein, das mit der Kohle aus der Tiefe gefördert wurde, sind heute landschaftsarchitektonische Bauwerke und neue Wahrzeichen der Region. Sie dienen als Freizeitziele für Spaziergänger oder für Trendsportler wie Mountainbiker, Nordic-Walker und Drachenflieger. Als Teil der Route ermöglichen sie den Besuchern an 15 Orten Panoramablicke über die Industrielandschaft, die so unkontrolliert gewachsen ist, machen die dadurch entstandene Ordnung sichtbar und erleichtern damit die Orientierung. Zahlreiche dieser Landmarken wurden und werden von Künstlern bearbeitet, als Land Art, Lichtkunst- oder Klanginstallation; einige sind mit weithin sichtbaren Großskulpturen markiert. Die große Stahlskulptur von Richard Serra »Bramme für das Ruhrgebiet« auf der Essener Schuren-

Der von dem Künstler
Otto Piene geschaffene,
30 Meter hohe begehba-
re Turm in Form einer
Grubenlampe krönt die
Halde Rheinpreußen im
linksrheinischen Moers.
Er ist eines der jüngeren
Beispiele für Landmar-
ken-Kunst.

bachhalde, der 50 Meter hohe
Aussichtsturm »Tetraeder«, in
Gestalt einer begehbaren Stahl-
rohr-Pyramide auf der Halde
Beckstraße in Bottrop, der 30 Meter hohe, begehbare Turm in Form
einer Grubenlampe von Otto Piene auf der Halde Rheinpreußen
bei Moers und das 45 Meter hohe, spektakuläre Horizontobservatorium auf der Halde Hoheward
bei Herten sind dafür nur einige
Beispiele. Eine besondere Rolle
spielt bei der Landmarkengestal-
tung das Thema Lichtkunst, denn
viele der Installationen, Hochöfen, Fördertürme,
Schornsteine und Gasspeicher werden nachts beleuch-
tet und somit zu weithin sichtbaren Skulpturen.

In ihrer Gesamtheit erzählt die »Route der Industriekultur« die große Geschichte von Entstehung, Aufstieg
und Wandel einer Industrieregion: Beginnend mit der
Kohlengräberei und der Metallverarbeitung im Ruhrtal,
ihrem Höhepunkt mit den Tiefbauzechen, Kokereien,
Hochöfen und der Schwerindustrie sowie ihrem weitgehenden Abschluss mit der Bergbau- und Stahlkrise,
dem Wandel zur Dienstleistungsgesellschaft und der
Umwandlung von Industrieanlagen zu Denkmälern und
Freizeitarealen.

Zeche Zollverein

Die 13 zusammenhängenden Grubenfelder, die der
Duisburger Industrielle Franz Haniel 1847 erwirbt und
mit der Abteufung des ersten Schachts Zeche Zollverein nennt, liegen im Essener Norden und sind heute
Heimat des herausragendsten Beispiels für Industriearchitektur und kulturelle Umdeutung im Ruhrgebiet.
Zu Zeiten ihres Betriebs ist die Zeche Zollverein zeitweise das größte und modernste Steinkohlenbergwerk

der Welt, das täglich bis zu 12.000 Tonnen verwertbarer Kohle fördert und in wirtschaftlichen Spitzenzeiten über 5.000 Bergleute beschäftigt. 1986 wird die Zeche als unrentabel stillgelegt, die Schachtanlage XII unter Denkmalschutz gestellt, vom Land NRW gekauft und denkmalgerecht restauriert. Der monumentale Maschinenpark bleibt dabei im Originalzustand erhalten und stellt heute das Museum Zollverein dar. 1993 wird auch die Kokerei Zollverein stillgelegt, und die ehemals »verbotene Stadt« kann der Öffentlichkeit zugänglich gemacht werden. Mit ihren Schachtanlagen über und unter Tage, der zentralen Kokerei, den Halden, ihren Verkehrsanlagen und ihren Arbeitersiedlungen bildet die Zeche die »Industrielle Kulturlandschaft Zollverein« und zählt zu den bedeutendsten Industriedenkmälern Europas. Im Dezember 2001 wurde sie von der UNESCO zum Weltkulturerbe deklariert und damit der auf Zollverein vollzogene Strukturwandel besiegelt.

Der Förderturm der Zeche Zollverein wird auch als »Eiffelturm des Ruhrgebiets« bezeichnet.

Das 55 Meter hohe Doppelbockfördergerüst der Schachtanlage XII gilt als Symbol für das gesamte Areal und stellt den optischen Mittelpunkt der riesigen Anlage dar. Er ist zu einem Markenzeichen für das gesamte Ruhrgebiet geworden.

Die Schachtanlage ist zweifellos das wichtigste Werk der Architekten Fritz Schupp (1896–1974) und Martin Kremmer (1894–1945), die zu den wichtigsten Konstrukteuren der Industriearchitektur des 20. Jh.s im Ruhrgebiet zählen, und wird ab den späten 1920er-Jahren erbaut. Seitdem wird Zollverein als »schönste und größte Zechenanlage der Welt« gefeiert, denn sie ist sowohl in technischer als auch in architektonischer Hinsicht die modernste Zeche ihrer Zeit; sie orientiert sich gestalterisch an den avantgardistischen Ideen der 1920er-Jahre, am Stil des Bauhauses und in der umfassenden Konzeption ganzer Komplexe an dem ästhetischen Grundsatz »Form follows function«: Die technische und architektonische Komposition der hinzugefügten Gebäude wird sowohl in den bestehenden Produktionsablauf als auch optisch in den bestehenden Raum integriert. Die einzelnen Arbeitshallen weisen einen schlichten kubischen Stil auf, der sich in harmonischer Verbindung von Funktionalität und Ästhetik zu einem Gesamtkonzept zusammenfügt, das durch Symmetrie und Geometrie besticht. Die Formensprache gehorcht einer reduzierten Ästhetik, einheitlich rote Backsteinfassaden im Stahlfachwerk bestimmen den Stil der »Neuen Sachlichkeit«. Das Doppelfördergerüst thront über dem 1.000 Meter tiefen Schacht und weist auf die Zentralisierung aller Arbeitsabläufe hin. Neben der reinen Förderung werden hier auch die Trennung der Kohle von nicht verwertbarem Gestein, die Kohlewäsche und die Drucklufterzeugung abgewickelt. Die dafür benötigten Gebäude gruppieren sich in axialer Ausrichtung um das Fördergerüst.

Die Kokerei Zollverein entsteht von 1957–1961 im gleichen Stil der funktional ausgerichteten Architektur nach den Plänen von Fritz Schupp. Sie ist der zentralen Schachtanlage angegliedert.

Kultur- und Designstandort

Im Rahmen der »Internationalen Bauausstellung Emscher Park« (1989–1999) wird Zollverein ein bedeutendes Leitprojekt. In den 1990er-Jahren siedeln sich zahlreiche Institutionen, Büros und Unternehmen unterschiedlicher Größe aus den Bereichen Kunst, Kultur, Design und Medien in den restaurierten Gebäuden an. Das Nutzungskonzept stellt die Themen Kunst und Design in den Mittelpunkt, und die Zeche Zollverein soll als Ganzes zu einem integrierten Design- und Kulturstandort ausgebildet werden.

Bereits seit dem Sommer 2002 befindet sich im ehemaligen Salzlager der Kokerei der »Palast der Projekte«, der eine Dauerinstallation des Künstlerpaares Ilya und Emilia Kabakov zeigt. Auf dem weiträumigen Gelände befinden sich darüber hinaus verschiedene Granit-Skulpturen des Bildhauers Ulrich Rückriem.

Der Zollverein-Kubus ist der erste Neubau auf dem Zollverein-Gelände seit 50 Jahren.

Die Kohlenwäsche, das größte Übertagegebäude Zollvereins, wurde 2003–2006 nach den Plänen des Architekten Rem Koolhaas vom Maschinenpark zum Museum umgebaut: Fassade und Maschinen werden saniert und restauriert, moderne Technik und Versorgungseinrichtungen ziehen ein. Außerdem wird eine 58 Meter lange, freistehende Rolltreppe angefügt (s. Umschlagabb.), die direkt in das neue Besucherzentrum Zollverein führt. Im Herbst 2009 zieht das neue Ruhr Museum ein, das Geschichte, Gedächtnis und Gegenwart des Ruhrgebiets thematisiert.

Das Design Zentrum NRW findet in dem von Sir Norman Foster umgebauten Kesselhaus eine Heimat. Neben Ausstellungen von zeitgenössischem Design wird hier alljährlich der renommierte Designpreis »Red Dot Award« verliehen. In der ehemaligen Waschkaue ist das Choreografische Zentrum »PACT Zollverein« angesiedelt.

Mit dem Gebäude für die »Zollverein School of Management« and Design des japanischen Architekturbüros SANAA ist 2006 der erste Neubau seit 50 Jahren auf dem Gelände des Weltkulturerbes entstanden: ein grauer Kubus mit 134 wie zufällig angeordneten Fenstern, der ungewöhnliche Ein- und Durchblicke auf das Welterbe ermöglicht.

Museumslandschaft

Im Ruhrgebiet werden die ersten Museen erst spät, gegen Ende des 19. Jh.s, gegründet, als andernorts längst der Grundstein für wichtige Sammlungen gelegt ist. Dennoch hat sich seitdem ein breites Angebot an rund 200 Museen, Ausstellungsstätten und Kunsthallen etabliert. So findet man einerseits die bereits erwähnten Industrie- und Technikmuseen, aber auch kulturgeschichtliche Museen wie die Römermuseen in Xanten und Haltern, das Preußenmuseum NRW in der Festungsanlage Zitadelle in Wesel oder das Westfälische Museum für Archäologie in Herne. In Hagen zeigt das Freilichtmuseum des Landschaftsverbandes Westfalen-Lippe (LWL) Momente der Handwerks- und Technikgeschichte vom endenden 18. bis ins 20. Jh. Hinzu kommen weitere, kleinere Freilichtmuseen, zahlreiche Heimat- und Stadtmuseen sowie Museen, die sich dem Wirken bedeutender Personen und Institutionen verdanken, wie das Krupp-Museum in Essen oder das Hoesch-Museum in Dortmund.

Auf der anderen Seite hat die Region zahlreiche Ausstellungsstätten und Museen, die auf private Initiativen und Sammlungen zurückgehen. Dazu zählen etwa das Ikonenmuseum in Recklinghausen, dessen einzigartiger Fundus auf dem Ankauf zweier privater Sammlungen im Jahr 1956 basiert, die Ludwig Galerie im Schloss Oberhausen, mit der die Stadt seit 1998 an das internationale Netz der Sammlungen von Peter und Irene Ludwig angeschlossen ist, seit 1999 das Museum Küppersmühle im Duisburger Innenhafen, dessen Werke deutscher Gegenwartskunst aus der Sammlung von Hans Grothe stammen, und das Museum am Ostwall in Dortmund, mit seinem über die Stadtgrenzen hinaus bekannten Bestand expressionistischer Werke aus der Sammlung Gröppel sowie Arbeiten der Richtungen Informell, ZERO und Fluxus aus der Sammlung Siegfried Cremer. Vor allem aber und bereits viel früher ist das Museum Folkwang in Essen zu

Der »Hagener Impuls« –
Karl Ernst Osthaus und die Folkwang-Idee

Zu Beginn des 20. Jh.s wird Hagen für einige Jahre zum Schauplatz einer Reformbewegung, die weitreichende Kreise zieht und als »Hagener Impuls« in die Kunstgeschichte eingegangen ist. Initiator ist Karl Ernst Osthaus (1874–1921), Sohn aus wohlhabendem Hause, der mit dem »Folkwang«-Gedanken eine Vision entwickelt, der zufolge Kunst und Leben miteinander vereinbar sind und »die Schönheit wieder zur herrschenden Macht im Leben« wird. 1901 gründet er die Folkwang-Malschule in seiner Heimatstadt Hagen und lädt Künstler und Künstlerinnen wie Christian Rohlfs, Jan Thorn Prikker, Emil Rudolf Weiß und Milly Steger ein, damit sie hier unabhängig von wirtschaftlichen Zwängen ihre Kunst frei entfalten können. 1902 lässt er das Folkwang-Museum (heute Karl Ernst Osthaus Museum) errichten, dessen Innenausstattung ebenso wie die seines Wohnhauses, des Hohenhofs, von Henry van de Velde im Jugendstil ausgeführt wird. Der Hohenhof liegt in der von Osthaus 1909 gestifteten Gartenstadt Hohenhagen, die, ebenso wie die Arbeiterkolonie Walddorf, einen Kontrapunkt zur Industrialisierung der Landschaft setzen sollte. Um das soziale Leben darüber hinaus durch Kunst zu gestalten, sollte hier der Folkwang-Komplex entstehen, ein Gesamtkunstwerk mit Künstlerkolonie, Museum, Schule und Verlag, an dessen Planung u.a. Bruno Taut, Peter Behrens, Adolf Loos, August Endell und Walter Gropius mitwirkten. Als Osthaus 1921 stirbt, sind erst Teile der Gesamtanlage umgesetzt; sie wird nie fertiggestellt, und Osthaus' Kinder verkaufen bereits kurz nach seinem Tod die Kunstsammlung an das Museum Folkwang nach Essen.

Der Hohenhof in Hagen, Foto: Karsten-Thilo Raab

nennen, das 1922 die Sammlung von Karl Ernst Osthaus aus dem Hagener Folkwang-Museum mit Werken
der Klassischen Moderne u.a. von Cézanne, Corot,
Degas, Gauguin, Minne, Renoir, Rodin und van Gogh
aufkaufte, im gleichen Jahr mit dem Essener Kunstmu-
seum fusionierte und seine hochwertige Sammlung
seitdem ständig erweitert; nennenswert sind auch die
Grafische und die Fotografischen Sammlungen.

Auch die Städtischen Museen in Bochum, Gelsenkirchen, Gladbeck, Mülheim und Recklinghausen verfügen über beachtliche Sammlungen und machen immer
wieder mit interessanten Ausstellungen auf sich auf-
merksam. Daneben gibt es spezialisierte Kunstmuseen
wie das Lehmbruck-Museum in Duisburg, das neben
Werken des Bildhauers Wil-
helm Lehmbruck internationale Skulpturen des 20. Jh.s, u.a.
mit Werken von Henry Moore
oder Eduardo Chillida präsentiert, das Skulpturenmuseum
Glaskasten in Marl mit Skulpturen der klassischen Moderne
und zeitgenössischer Kunst,
u.a. von Max Ernst oder Alber-
to Giacometti, das Zentrum für
internationale Lichtkunst in
Unna, das Josef Albers Museum Quadrat in Bottrop, das
Otto Pankok Museum in Hünxe
sowie das neue Emil Schu-
macher Museum in Hagen.
Erwähnenswert ist auch die
Lehrsammlung der Ruhr-Universität Bochum mit der »Situation Kunst für Max Imdahl«
in Bochum-Weitmar, die bedeutende Werke der Gegen-
wartskunst zeigt.

Der »Lebensretter-Brun-
nen« der Künstlerin Nik-
ki de Saint Phalle bringt
seit 1993 Farbe in die
Duisburger Innenstadt.
Es war eine Gemein-
schaftsarbeit mit Jean
Tinguely (1925 – 1991),
der den Sockel für die
Figur entwarf. Der
Brunnen wurde zum
Wahrzeichen der Stadt.

Neben den Landmarken auf den Halden der Region haben viele Städte ein eindrucksvolles Repertoire von Skulpturen vorzuweisen, die sich an öffentlich zugänglichen Plätzen befinden. Um nur einige wenige zu nennen: Thomas Schüttes »Große Geister« vor der Neuen Philharmonie in Essen, Richard Serras »Terminal« vor dem Hauptbahnhof in Bochum, der »Lebensretterbrunnen« von Niki de Saint Phalle/Jean Tinguely in der Duisburger Innenstadt, Norbert Krickes »Röhrendickicht« an der Außenfassade des Musiktheaters in Gelsenkirchen, das Landschaftskunstwerk »Wasserstände« von Herman Prigann in Marl, Per Kirkebys »Ziegelsteinskulptur« in Recklinghausen, Timm Ulrichs' Erdpyramide in Bergkamen und der Bilderfries mit Arbeiten von Bernd und Hilla Becher an der Außenfassade der Kraftzentrale im Landschaftspark-Nord in Duisburg.

Bühnenkunst

Ebenso vielfältig wie die Museums- ist die Theaterlandschaft im Ruhrgebiet. Es gibt allein sieben Schauspielbühnen in Bochum, Essen, Dortmund, Hagen, Moers, Mülheim und Oberhausen, von denen das 1892 eröffnete Grillo-Theater in Essen das älteste ist. In der Nachbarstadt Bochum begann 1919 die Ära des legendären Intendanten Saladin Schmitt, der das Schauspielhaus bis 1949 leitete und zu einer der führenden deutschen Bühnen entwickelte, die es bis heute ist; ihm folgten neben anderen Peter Zadek, Claus Peymann und Leander Hausmann mit streitbaren und Aufsehen erregenden Inszenierungen. Zum guten Ruf trug auch die von Schmitt 1939 gegründete Schauspielschule bei, die seit 2000 der Essener Folkwang Hochschule angegliedert ist. Daneben haben zwei Landestheater in Castrop-Rauxel, u. a. mit einem engagierten Kinder- und Jugendtheater, und in Dinslaken ihren Sitz. Die Gründung des Schlosstheaters Moers 1975 ist untrennbar mit dem ersten Intendanten Holk Freytag verbunden. Er erregte gemeinsam mit seinem

Das Essener Grillo-Theater ist benannt nach dem Unternehmer Friedrich Grillo, der den Bau des Hauses in seiner Heimatstadt zusammen mit seiner Frau in großen Teilen finanzierte.

Ensemble in den 1970er- und 80er-Jahren durch politisch engagiertes, experimentelles Theater bundesweit Aufsehen. In Mülheim verstehen Roberto Ciulli und Helmut Schäfer seit 1980 die universelle Sprache des Theaters als Möglichkeit, einen weiterreichenden Dialog der Kulturen zu führen; das Theater selbst hat in über 30 Ländern weltweit gastiert und ebenso viele Theater aus dem Ausland zu seinen »Internationalen Theaterlandschaften« eingeladen.

Darüber hinaus gibt es zirka 100 Bühnen und Off-Theater in freier Trägerschaft, die dem Kulturleben der Region immer wieder neue Impulse geben, und der Mondpalast in Herne beherbergt seit 2004 das erste Volkstheater der Region.

Bei dem Festival freier Theater, das seit 2008 unter dem Titel »Favoriten« firmiert, werden alljährlich die besten Produktionen der freien Szene ausgezeichnet und bei den Mülheimer Theatertagen NRW Stücke werden Autoren für das jeweils beste Theaterstück der Saison ausgezeichnet. Das Festival »Figurentheater der Nationen« (Fidena) ist alljährlicher Treffpunkt für Puppen- und Figurentheaterspieler aus der ganzen Welt und feierte 2008 sein 50-jähriges Jubiläum.

Mit reicher Tradition ist auch das Musiktheater vertreten, etwa mit dem Aalto-Theater in Essen, der Deutschen Oper am Rhein in Duisburg, dem Musiktheater im Revier in Gelsenkirchen, dem Theater Hagen und dem Dortmunder Opernhaus. Mit dem Bochumer Starlight Express, dem Essener Colosseum und dem Metronom Theater in Oberhausen haben sich darüber hinaus Musical-Spielstätten etabliert.

Tradition haben auch das moderne Ballett, etwa im Musiktheater im Revier in Gelsenkirchen, wo seit 1978 Bernd Schindowski als Ballettdirektor und Chefchoreograf tätig ist, und vor allem das Tanztheater, das ohne das Essener Tanzstudio der 1927 gegründeten Folkwangschule nicht denkbar ist. Namen wie Pina Bausch, Reinhild Hoffmann oder Susanne Linke sind eng mit ihr verbunden. Mit »PACT Zollverein« (Performing Arts Choreografisches Zentrum NRW Tanzlandschaft Ruhr) existiert seit 2002 ein Ausbildungs- und Aufführungsort, in dem das »Who is Who« der internationalen Tanzszene zu Gast ist.

Zu den wichtigsten der ca. 45 Kulturfestivals (Musik, Film, Tanz, etc.) zählen die »RuhrTriennale«, die jeweils drei Jahre lang unter einer Intendanz internationale zeitgenössische Interpretationen von Oper, Schauspiel, Musik und bildender Kunst an spektakulären Spielorten bietet, das »Klavierfestival Ruhr«, die »Duisburger Akzente« sowie die traditionsreichen »Ruhrfestspiele« in Recklinghausen, die alljährlich ein hochkarätiges Programm bieten.

Comedy, Kleinkunst, Kabarett – Tegtmeiers Erben

Zu einem Aushängeschild der Region hat sich in den letzten Jahren die Comedysparte entwickelt. Der Urvater dieser Tradition ist auch Namensgeber des bundesweiten Wettbewerbs »Tegtmeiers Erben«. Der Kabarettist und Schauspieler Jürgen von Manger (1923–1994) hat es mit seiner Bühnenfigur des im Ruhrdeutsch grantelnden Kleinbürgers Adolf Tegtmeier zu nationaler Berühmtheit in Rundfunk und Fernsehen gebracht. Vielen erfolgreichen Comedians und Kabar-

Kunst gegen Kohle – die »Ruhrfestspiele Recklinghausen«

Neben der »RuhrTriennale« (seit 2002) sind die »Ruhrfestspiele Recklinghausen« das bedeutendste Kulturfestival im Ruhrgebiet mit einer faszinierenden Geschichte, denn der Ursprung des ältesten Theaterfestivals Europas liegt in einem Akt der Solidarität: Der erste Nachkriegswinter 1946/47 ist hart und Rohstoffe sind knapp. Auch die Theater des zerbombten Hamburg sind kalt und stehen kurz vor der Schließung, weil sie über keine Kohlen für die Beheizung und den Betrieb der Bühnentechnik verfügen. Der Verwaltungsdirektor des Deutschen Schauspielhauses, Otto Burmeister und andere fahren in zwei holzgasbetriebenen LKW ins Ruhrgebiet, um auf den Kohlezechen um Hilfe zu bitten. Ihre Fahrt endet vor der Recklinghäuser Schachtanlage König Ludwig, wo selbstlose Bergleute unter Umgehung der Kontrollen der englischen Besatzer die LKW mit Kohle vollladen und so die hanseatische Bühnenkunst retten. Tief beeindruckt bedanken sich im folgenden Sommer 150 Schauspieler

Harald Schmidt in seiner Version des »Prinz von Dänemark« bei den Ruhrfestspielen 2009.

und Theaterleute der drei Hamburger Staatsbühnen mit einem Gastspiel unter dem Motto »Kunst gegen Kohle« im städtischen Saalbau Recklinghausen und markieren damit den Beginn der Ruhrfestspiele. Nicht nur die Reichen und Studierten sollen das Privileg des Theaterbesuchs genießen können, auch die Arbeiter haben nun ihr eigenes Festival, mit dem Besten, was die deutschen Bühnen zu bieten haben. Der Hamburger Bürgermeister Max Brauer hält bei den ersten Festspielen eine Rede zu der Belegschaft der Zeche: »Ich kann mir eine andere und neue Art der Festspiele vorstellen. Festspiele nicht nur für Literaten und Auserwählte, sondern Festspiele inmitten der Stätten harter Arbeit. Ja, Festspiele im Kohlenpott vor den Kumpels. Ja, Festspiele statt in Salzburg in Recklinghausen.«

Die Ruhrfestspiele haben sich seither zu einem richtungweisenden Theaterfestival entwickelt, ohne ihre kulturellen Wurzeln aus den Augen zu verlieren. Nach Hansgünther Heyme (1990–2003) und einem kurzen Gastspiel von Frank Castorf ist seit 2005 Frank Hoffmann künstlerischer Leiter. Getragen werden die Ruhrfestspiele je zur Hälfte von der Stadt Recklinghausen und dem Deutschen Gewerkschaftsbund. Sie verfügen über kein festes Ensemble und die Inszenierungen sind Koproduktionen.

retisten, die auf Kleinkunstbühnen
begannen, hat er den Weg geebnet.
Die Auftritte von Fritz Eckenga, Piet
Klocke, Herbert Knebel (Uwe Lyko),
Jochen Malmsheimer, den Missfits
(Gerburg Jahnke und Stephanie Über-
all), Helge Schneider, Atze Schröder,
Dr. Stratmann (Ludger Stratmann)
oder Else Stratmann (Elke Heidenreich) sind nur einige Beispiele dafür,
wie der spezielle Charme und Witz

des Ruhrgebiets in den Medien in oft karikierender Weise weiter Verbreitung findet. Warum gerade hier eine so
große Dichte an »Spaßmachern« herrscht, wird in der
Regel mit den widrigen Lebensumständen in einer von
schwerer Industriearbeit geprägten Region erklärt. Fan-
tasie, Selbstironie und Humor wurden dadurch zu Tu-
genden, die das Leben erträglicher machten, frei nach
dem Motto: Wenn das Leben schon nicht lustig ist,
muss man es sich eben lustig reden.

Bekannt gemacht hat
das Ruhrdeutsche Jür-
gen von Manger (1923–
1994). Auf der Bühne,
im Radio und im Fernse-
hen schlüpfte er in die
Rolle des »Ruhrpott-Or-
ginals« Adolf Tegtmeier
und begeisterte sein Pu-
blikum.

Musik

Die Liebhaber klassischer Musik können im Ruhrgebiet
den Klängen von sechs Symphonieorchestern lauschen,
und das in Konzerthäusern, von denen allein drei erst in
den letzten Jahren entstanden sind: Das Dortmunder
Konzerthaus eröffnete 2002, der renovierte Saalbau als
Sitz der Philharmonie Essen wurde 2004 eingeweiht, in
der umgebauten Duisburger Mercatorhalle haben die
Duisburger Symphoniker seit 2007 ihre neue Spielstätte; und auch in Bochum soll ein neues Konzerthaus entstehen. Um auch den Nachwuchs in der Region für das
Medium zu begeistern, startete 2007 das Projekt »Jedem Kind ein Instrument«, das von der Kulturstiftung
des Bundes, dem Land Nordrhein-Westfalen und der Zu-
kunftsstiftung Bildung getragen wird, mit dem Ziel, jedem Grundschulkind im Ruhrgebiet die Möglichkeit zu
bieten, ein Musikinstrument seiner Wahl zu erlernen.

Der Präsident des Deutschen Bundestages, Dr. Norbert Lammert, übergibt Kindern Musikinstrumente im Rahmen des Projektes »Jedem Kind ein Instrument«.

Zu den neuesten Ausbildungseinrichtungen gehört das Orchesterzentrum NRW, das im Frühjahr 2009 ein neues Gebäude in der Dortmunder Innenstadt bezogen hat. In der gemeinsamen Einrichtung der vier staatlichen Musikhochschulen des Landes werden zukünftige Orchestermusiker ausgebildet.

Seit über 20 Jahren findet das deutschlandweit größte Pianistentreffen, das »Klavierfestival Ruhr«, an verschiedenen Spielorten der Region statt. Ebenso traditionsreich sind auch die »Tage Alter Musik«, die seit 1976 in Herne stattfinden, und seit 1990 die »Wittener Tage für neue Kammermusik.«

Für Jazz- und Weltmusikfreunde lädt das renommierte »Moers Festival« seit 1972 jedes Jahr zu Pfingsten hochkarätige Musiker und Geheimtipps aus der ganzen Welt in die Ruhrgebietsstadt ein und das alljährliche »Traumzeit-Festival« im Landschaftspark Duisburg-Nord lotet jedes Jahr die Grenzen zwischen Pop, Klassik und Neuer Musik neu aus.

Das eintägig stattfindende »Juicy Beats« Festival für elektronische Musik in Dortmund, die »Loveparade«, die seit 2007 im Ruhrgebiet stattfindet, sowie große Events und Veranstaltungen in den Dortmunder Westfalenhallen, der Essener Grugahalle, der König-Pilsener-Arena in Oberhausen oder der Veltins-Arena in Gelsenkirchen erfüllen die Bedürfnisse eines Massenpublikums. Zusammen mit spezielleren Veranstaltungen an Orten wie dem GOP Varieté in Essen, dem traditionsreichen Jazzclub domicil in Dortmund und diversen kleineren Bühnen zeugen sie von einem lebendigen und facettenreichen Kulturleben im Ruhrgebiet. Darüber hinaus gibt es eine vitale freie Szene.

Es sind die »Internationalen Essener Songtage« 1968, die noch vor dem legendären Woodstock-Festival die Aufbruchstimmung einer neuen Jugendkultur ins Ruhrgebiet bringen und als *das* europäische Musikereignis gelten. An fünf Tagen stehen hier über 200 Künstler auf der Bühne. Dabei sind auch die damals einflussreichsten Bands der deutschen und internationalen Musikszene wie Amon Düül mit Uschi Obermeier oder Frank Zappa mit den Mothers of Invention. Auf der Landkarte der Veranstalter von Pop- und Rockkonzerten abseits des Mainstreams kann sich das Ruhrgebiet allerdings erst in den 1980er-Jahren etablieren, als mit der Bochumer Zeche ein geeigneter Auftrittsort entstand.

Ihre Aufführungs- und Ausstellungsräume finden die Akteure in soziokulturellen Zentren wie z.B. dem Bahnhof Langendreer in Bochum, dem Zentrum Altenberg in Oberhausen, den Flottmannhallen in Herne oder der Zeche Carl in Essen, außerdem in Kulturzentren wie dem Ringlokschuppen Mülheim, dem Künstlerhaus in Dortmund oder dem Unperfekthaus in Essen.

Film

Auch in der deutschen Film-Festivallandschaft hat das Ruhrgebiet seit Jahrzehnten einen festen Platz. Auf die längste Tradition blicken dabei die »Internationalen Kurzfilmtage« Oberhausen (seit 1954) zurück. Unter der Federführung von Alexander Kluge unterzeichneten hier 1962 einige junge Filmemacher das »Oberhausener Manifest«, in dem sie »Papas Kino« für tot erklärten und das filmische Erzählen revolutionieren wollten. Als politisches Festival leistete es unter dem Motto »Wege zum Nachbarn« auch seinen Beitrag zu einer neuen Ostpolitik. Daneben sind die »Duisburger Filmwoche«, die seit 1977 Dokumentarfilme präsentiert und das »Internationale Frauenfilmfestival« (seit 1987) Institutionen mit internationalem Ruf. 2009 feiert auch das Kinofest Lünen sein 20-jähriges Jubiläum. Das »Internationale Videofestival« findet seit 1990 in Bochum statt und das Festival »Blicke aus dem

FOKUS: FREIHEIT

INTERNATIONALES
FRAUEN**FILM**FESTIVAL
Dortmund|Köln
21.–26. APRIL 2009 IN DORTMUND

Das »Frauenfilmfestival
Dortmund/Köln« ver-
folgt bereits seit 1987
das Ziel, die Position
von Frauen in der Film-
wirtschaft zu stärken.

Ruhrgebiet« bietet Filmemachern aus und
Filmen über das Ruhrgebiet bereits seit
1992 ein Forum.

Mit Abspielstätten ist das Ruhrgebiet vor
allem in der dicht besiedelten Hellwegzone
ausreichend versorgt. Es gibt allein zehn
Multiplexkinos und in Duisburg, Essen, Bochum und Dortmund finden sich daneben
noch mehrere Programmkinos, die Filme
abseits des Mainstreams präsentieren.
Eine Sonderstellung in der Kinolandschaft
nimmt die Lichtburg in Essen ein, die mit
1.250 Plätzen den größten Kinosaal
Deutschlands bietet. Ursprünglich bereits
1928 eröffnet, hatte das Kino seine große
Zeit als Premierenkino in den 1950er-Jahren, als zahlreiche internationale Filmstars hier ihre Filme vorstell-
ten. Nach Krisenjahren und aufwendiger Renovierung
wurde die Lichtburg 2003 wieder eröffnet und knüpft
seither an alte Traditionen an. Die Architektur der Fünf-
zigerjahre bietet heute wieder regelmäßig die Kulisse
für große Filmpremieren und 2009 wird hier erstmals
der »Europäische Filmpreis« präsentiert.

Bilder vom Ruhrgebiet

Es gab Zeiten, da wurde das Ruhrgebiet als »Ruß-
Land« geschmäht, und es hieß, dass hier die Briketts
vom Himmel regnen oder die Menschen sie zumindest
aushusten, und tatsächlich waren die Umweltbelastungen in der Hochphase der Industrialisierung extrem.
Unendliche Mengen von Abgasen aus Industrieanlagen und Privathaushalten strömten ungefiltert in die
Atmosphäre, die Abwasserentsorgung des explosions-
artig wachsenden industriellen Ballungsraums musste
gelöst werden, und ständig schwebte eine riesige
Dunstglocke über der Region. Die Arbeiter litten unter
extremen Lärmbelastungen, hatten häufig Hörschäden
oder schwere Atemwegserkrankungen, die Hausfrauen

kamen mit dem Fensterputzen nicht nach, und wenn die frisch gewaschene Wäsche im Garten auf der Leine trocknete, bekam sie gleich einen Grauschleier. Das war das Bild des Ruhrgebiets, das bis in die 1960er-Jahre auch vielfach der Realität entsprach.

August Sander, Straßenarbeiter im Ruhrgebiet, um 1928

Bis heute hält sich außerhalb der Region die Assoziation mit Industrie, Arbeit, Schmutz und Lärm. Einen Anteil daran haben auch die Medien Fotografie, Film und Fernsehen sowie die Literatur, mit deren Hilfe das Bild des Ruhrgebiets wesentlich geprägt wurde. In Sachen Fotografie sind es zum Beispiel die Arbeiten von Albert Renger-Patzsch, einem bekannten Vertreter der Neuen Sachlichkeit, der an der Essener Folkwangschule lehrte und sich bereits ab Ende der 1920er-Jahre der Industriefotografie widmete und die von Kohle und Stahl geprägten Regionen zeigte. Hier nutzte er vor allem die Senkrechten und Waagrechten von klar und funktional ausgerichteten Gebäuden. Extreme Auf- und Untersichten betonen die architektonischen Formen. Der bedeutende Fotograf August Sander hat in seinem großen Hauptwerk »Menschen des 20. Jh.s« dagegen Porträts von Menschen unterschiedlicher Berufe und sozialer Schichten auch im Ruhrgebiet abgelichtet.

Auf scharfe Proteste von Kommunalpolitikern im Ruhrgebiet stieß der Fotograf Karl Heinz Hargesheimer (Chargesheimer) 1958 mit dem Band »Im Ruhrgebiet«, für das Heinrich Böll das Vorwort schrieb. In Chargesheimers Bildern wird das Ruhrgebiet der 1950er-Jahre in ungeschönter Realität präsentiert. Mit den Mitteln dokumentarischer Reportagefotografie zeigt der Künstler es mit allen Widersprüchen. Man sah verödete Innenstädte, verrußte Luft und »verbrauchte« Menschen, während sich die Kommunen z.B. als »Industriestadt im Grünen« priesen und schon 1969 der damalige »Siedlungsverband Ruhr« forderte: »Lasst uns den Kohlenpott umfunktionieren«. Auch die einflussreichen Fotokünstler Bernd und Hilla Becher machen (nicht nur) das Ruhrgebiet als Heimat großer Industrieanlagen weit über seine Grenzen hinaus bekannt. Im Stile der »Neuen Sachlichkeit« dokumentierten sie Industriearchitektur wie etwa Wasser- und Fördertürme, Gasometer, Hochöfen, Fabrikhallen u.ä., noch bevor diese im Zuge des Strukturwandels oftmals abgerissen wurden. Mit ihren Fotoserien veränderten sie die Sichtweise auf Industriearchitektur und trugen auf künstlerische Weise dazu bei, dass viele dieser Gebäude heute als Kulturdenkmäler gefeiert werden.

Ab den 1970er-Jahren entstehen politisch engagierte Dokumentarfilme, in denen häufig »einfache Menschen« in ihrer alltäglichen Lebens- und Arbeitswelt im Mittelpunkt stehen, doch auch in Spielfilmen und Fernsehserien ist das Ruhrgebiet häufig Kulisse für Geschichten im Arbeitermilieu. Oft spielen die Geschichten vor dem Hintergrund von Zechen, Hochöfen und Arbeitersiedlungen. Bereits in dem 1952 vom FWU (»Institut für Film und Bild in Wissenschaft und Unterricht«) hergestellten Film »Der Platz an der Halde« suchen Arbeiterkinder zwischen Stahlwerken und Schlackebergen nach einem Platz zum Fußballspielen. Helmut Käutners Hamlet-Version »Der Rest ist Schweigen« (1959), in dem Hardy Krüger den Erben einer Stahlhütte spielt, der den Tod seines Vaters aufklären will, spielt hingegen in der Welt der Industriebarone.

In der populären TV-Serie »Ein Herz und eine Seele« aus den 1970er-Jahren siedelt Autor Wolfgang Menge seine Geschichten um die Hauptfigur Alfred Tetzlaff im Arbeitermilieu des Ruhrgebiets an, und in seinem Fernsehfilm »Smog« thematisiert er die Umweltbelastungen durch die Industrie. In den Komödien »Aufforderung zum Tanz« (1977) und der erfolgreichen Fortsetzung »Theo gegen den Rest der Welt« (1980) von Peter F. Brinkmann spielt Marius Müller Westernhagen den Lebenskünstler Theo Gromberg, der mit seinem Freund, dem italienischen Bergarbeiter Enno, eine Speditionsfirma im Ruhrgebiet gründet. Mit einem LKW durchs Ruhrgebiet bewegt sich auch der Darsteller Detlev Quandt in zwei Spielfilmen des Dortmunder Regisseurs Adolf Winkelmann, der als einer der wenigen Spielfilmregisseure das Ruhrgebiet als Handlungsort mehrerer Werke wählte. In »Die Abfahrer« (1978) spielt Quandt den arbeitslosen Atze, der mit seinen Freunden aus der Arbeitersiedlung einen Möbelwagen stiehlt, und im Kultfilm »Jede Menge Kohle« (1981) ist er der Bergabeiter Katlewski, der sein Leben ändern will und u.a. einen Job als Kraftfahrer bei einer Spedition annimmt, die Arbeitskleidung von Bergleuten transportiert.

Die Autorin, Kabarettistin, Moderatorin und Journalistin Elke Heidenreich erfand 1976 die Figur Else Stratmann, die als »schnoddrige Metzgersgattin aus Wanne-Eickel« über zeitgenössische Themen aus Kleinbürgersicht schwadroniert und dabei nicht nur vielen Ruhrgebietsbürgerinnen aus dem Herzen spricht. Ihr Talent für die Themen und die Sprache der Menschen an der Ruhr stellte sie auch als Autorin der sechsteiligen Fernsehserie »Tour de Ruhr« (1981) unter Beweis. Lange vor den heutigen touristischen Angebo-

Die in Essen aufgewachsene Autorin und Kabarettistin Elke Heidenreich in ihrer Rolle als Else Stratmann.

Experimentalfilm
Der Mülheimer Experimentalfilmer Werner Nekes stellt heute
einen Teil seiner umfangreichen Sammlung optischer Geräte
zur Vorgeschichte des Films in einem zu einer Camera Obscura
umgebauten Wasserturm in seiner Heimatstadt aus. Bei Nekes
sammelte auch der aus Oberhausen stammende Christoph
Schlingensief seine ersten Filmregieerfahrungen, und der Mülheimer Künstler Helge Schneider spielte seine erste Hauptrolle in
Nekes Schlagerfilmparodie »Johnny Flash« (1987).

---

ten beschreibt sie hier die Radtour der Familie Stratmann durchs Ruhrgebiet und präsentiert Eindrücke
aus dem Ruhrgebiet der frühen 1980er-Jahre, das bereits damals ziemlich grün war.

Ganz konkret geht es um das Thema Ruhrgebiets-
bergbau in der 13-teiligen TV-Saga »Rote Erde« (ab
1983). Einen großen Anteil am proletarischen Image
des Ruhrgebiets hat auch der raubeinige Kommissar
Horst Schimanski (Götz George), der im Rahmen der
populären ARD-Krimiserie »Tatort«, seit 1981 in Duisburg ermittelte. Häufig war die Darstellung der Stadt
von Duisburger Bürgern und Kommunalpolitikern als
überzogen klischeehaft kritisiert worden.

Neben Krimis sind es in den 1990er-Jahren oft Ko-
mödien und TV-Serien wie »Die Camper« oder »Alles
Atze« (beide RTL), die mit dem Klischee des proletari-
schen Kleinbürgers (hier als Camping-Platzwart und
Kioskbesitzer) spielen. Bei den Komödien mit schrägen
Typen aus dem Ruhrgebiet genießt der Film »Bang
Boom Bang« (1999) des Filmemachers Peter Thorwarth
aus Unna einen gewissen Kultstatus.

Im Jahr 2000 produzierte der WDR die Doku-Soap-
Serie »Die Helden von Eisenheim«, die sich um das
Leben der Bewohner einer Zechensiedlung in Oberhau-
sen dreht, deren liebstes Hobby der Brieftauben-Sport
ist, und 2003, in Sönke Wortmanns »Das Wunder von
Bern«, ist die Hauptfigur, dargestellt von Peter Loh-
meyer, ein Arbeiter, der als Kriegsheimkehrer in eine
Arbeitersiedlung ins Ruhrgebiet kommt. Aus heutiger

Perspektive gleichen die klischeehaften Darstellungen vom Leben zwischen Industrieanlagen oder der Arbeiterkultur in Zechensiedlungen einem romantisch-verklärten Blick auf eine Region, die sich zwar nicht mehr über die Industriearbeit identifiziert, aber durchaus über das historische Erbe, das in den umgedeuteten Orten der Industriekultur seinen Ausdruck findet. So wirken sie also heute durchaus identitätsstiftend.

Literatur

Die literarische Landschaft des Ruhrgebiets ist mit Autoren eher dünn besiedelt. Dennoch gibt es einige nennenswerte Impulse, die insbesondere von Schriftstellervereinigungen wie der Dortmunder »Gruppe 61« (1961) ausgehen. Zu ihren prominentesten Autorinnen und Autoren gehören Max von der Grün, Angelika Mechtel, Günter Wallraff und Peter Paul Zahl. Es gelingt ihr, Missstände in der deutschen Industrie und Bürokratie aufzudecken und damit Bereiche anzurühren, deren kritische Betrachtung zuvor tabu war.

Max von der Grün (1926–2005) beginnt bereits in den 1950er-Jahren, während seiner Tätigkeit als Hauer unter Tage, zu schreiben. In seinen Büchern beschäftigte er sich mit der Arbeitswelt und aktuellen politischen, privaten und sozialen Problemen. Er gilt deshalb als einer der wichtigsten deutschen Vertreter der Literatur der Arbeitswelt in der Nachkriegszeit. Sein erster großer Erfolg wird der Roman »Irrlicht und Feuer«, in dem er die schlechten Arbeitsbedingungen der Kumpel in den Zechen beschreibt und die Auswüchse des Leistungsdenkens in der Konsumgesellschaft geißelt. Sein Buch »Vorstadtkrokodile«, das von einer Kinderbande handelt, wird ein weiterer großer Erfolg; es wird verfilmt und noch heute in vielen Schulen gelesen.

Die »Gruppe 61« scheitert schließlich an ihren eigenen Ansprüchen, 1970 geht aus ihr der »Werkkreis Literatur der Arbeitswelt« hervor, doch auch dieses Experiment endet mit den ausklingenden 1970er-Jahren.

Wandelmotor Kultur

Der Strukturwandel macht sich in der Literatur durch neue Themen und Autoren bemerkbar. Der Essener Autor Jürgen Lodemann (* 1936) veröffentlicht 1975 mit »Anita Drögemöller und die Ruhe an der Ruhr« einen frühen Ruhrgebietskrimi, in dem er auch das Ruhrdeutsche verwendet. Ebenso wie in seinem Debütroman spielt in späteren Veröffentlichungen (»Essen Viehofer Platz«, »Nora und die Gewalt- und Liebessachen«) seine Heimat immer wieder eine Rolle bei den Nachforschungen des Ermittlers Norbert Langensiepen.

Vertreter einer jüngeren Autorengeneration ist der ehemalige Musikjournalist Wolfgang Welt (* 1952) (»Buddy Holly auf der Wilhelmshöhe«, »Doris hilft«), der mit seinen Erzählungen zu den Popliteraten der 1980er-Jahre zählt.

Einer der profilierten Autoren der Republik ist der vielfach ausgezeichnete Wahlberliner Ralf Rothmann (* 1953). Seine autobiografisch geprägten Romane (»Stier«, »Wäldernacht«, »Milch und Kohle«, »Junges Licht«) sind häufig im Ruhrgebiet angesiedelt, wo er aufgewachsen ist. Aus einer eher distanzierten Haltung heraus beschreibt Rothmann das Milieu der einfachen Leute und Bergarbeiter der 1960er- und 70er-Jahre und hält deren Sprache lebendig.

Seit Beginn des neuen Jahrtausends sind es die Romane des Bochumer Kabarettisten und Autors Frank Goosen (* 1966) (»Liegen lernen«, »Pink Moon«, »So viel Zeit«), dessen Bücher die Themen und Befindlichkeiten seiner Generation aufgreifen und ein Publikum auch außerhalb seiner Heimat finden. Eine Verfilmung seines Debütromans aus dem Jahre 2001 war bereits im Kino zu sehen.

Spricht man von der Medienlandschaft im Ruhrgebiet, kommt man um die WAZ-Mediengruppe mit Sitz in Essen nicht herum. Sie veröffentlicht mit der Westdeutschen Allgemeinen Zeitung (WAZ) nicht nur die größte Regionalzeitung Deutschlands, sondern ist ein europaweit agierender Multimediakonzern mit zahlreichen Beteiligungen und Tochtergesellschaften rund um die Vermittlung und den Vertrieb in der Informationsbranche. Kerngeschäft sind jedoch die Tageszeitungen, davon vier im Ruhrgebiet (WAZ, NRZ, WR, WP). Konkurrenz bieten im nördlichen und östlichen Teil der Region lediglich das Medienhaus Lensing (u.a. Ruhr Nachrichten) mit Sitz in Dortmund und das Medienhaus Bauer im Kreis Recklinghausen (u.a. Recklinghäuser Zeitung). Versuche der Süddeutschen Zeitung und der Tageszeitung (TAZ), sich mit einer Ruhrgebietsausgabe zu etablieren, sind gescheitert. Die einzige überregionale Tageszeitung mit einer Ruhrgebietsausgabe ist somit die Bild-Zeitung. Radio und Fernsehen aus dem Ruhrgebiet bietet der Westdeutsche Rundfunk (WDR) mit Landesstudios in Dortmund, Essen und Duisburg, wo sechsmal wöchentlich das 30-minütige regionale TV-Magazin »Lokalzeit« produziert wird. Für die landesweiten Hörfunkprogramme des Senders werden lokale Nachrichten sowie aktuelle Beiträge und Featureprogramme zugeliefert. Auch private Rundfunk- und Fernsehanbieter sind im Ballungsraum vertreten. So wird in Dortmund die Nachrichtensendung »17:30« live für den Fernsehsender Sat.1 hergestellt, und der Anbieter center.tv produziert eine Ruhrgebietsausgabe seines regionalen TV-Programms. Im Hörfunkbereich hat die Privatisierung bereits eine längere Geschichte. Schon 1990 gab es mit Radio Duisburg den ersten von heute zahlreichen Lokalradiosendern in NRW. Das Mantelprogramm kommt von radio NRW aus Oberhausen, das auch alle Lokalradios in der Region versorgt. Daneben findet man ein wachsendes Informationsangebot zu Ruhrgebietsthemen im Internet auf den Seiten zahlreicher institutioneller und privater Anbieter.

Mit dem »Adolf-Grimme-Institut« hat eine renommierte Institution im Medienbereich ihren Sitz im Ruhrgebiet. In der Stadt Marl werden alljährlich von einer unabhängigen Jury Fernsehproduktionen ausgezeichnet, die »die spezifischen Möglichkeiten des Mediums Fernsehen auf hervorragende Weise nutzen und nach Inhalt und Methode Vorbild für die Fernsehpraxis sein können«.

Adolf-Grimme-Preis

Die gesellschaftliche Entwicklung im Ruhrgebiet steht in enger Verbindung mit seiner Wandlung von einer durch Landwirtschaft und Handel geprägten Region über eine durch die Industriearbeit dominierte Wirtschaftsstruktur hin zur heutigen individualisierten Dienstleistungsgesellschaft. In der frühen Phase dieser Entwicklung waren es vor allem natürliche Bedingungen wie Jahreszeiten oder das Tageslicht, die Arbeitszeit und arbeitsfreie Zeit begrenzten. Erst die Entwicklung des künstlichen Lichts und der Einsatz von Maschinen und Motoren schufen die Möglichkeit, die Arbeitszeit auf ein Höchstmaß auszudehnen. Forderungen nach einer Verkürzung der Arbeitszeit kamen aber auf, als die schlechte körperliche Verfassung rekrutierter Soldaten die Schlagkraft des Militärs beeinträchtigt. Darüber hinaus war es die am Ende des 19. Jh.s an Bedeutung gewinnende Arbeiterbewegung, die eine Begrenzung der Arbeitszeit auf acht Stunden forderte, was jedoch erst um 1918 erreicht werden sollte. Der Begriff der Freizeit als Zeit, in der die Arbeitskraft wiederhergestellt werden soll, um als lohnabhängiger Industriearbeiter zu funktionieren, ist daher ein Produkt der Industrialisierung. Erst in der Zeit der Weimarer Republik entwickelte sich die Ansicht, dass der Staat im Sinne einer Demokratisierung der Gesellschaft die Eingliederung aller Schichten in das Bürgertum zu fördern habe. Wie jedoch mit der teilweise unfreiwillig durch Arbeitslosigkeit angewachsenen Freizeit umzugehen sei, musste noch erprobt werden.

Im Ruhrgebiet, das vor allem durch seine große Industriearbeiterschaft geprägt war, entstanden ab der Wende vom 19. zum 20. Jh. zahlreiche Möglichkeiten für gemeinschaftliche gesellschaftliche Aktivitäten: Turn- und Sportvereine sowie Theaterensembles werden gegründet, das Konzertleben wird von ersten städtischen Orchestern, Privatkapellen, Gesangsvereinen und den beliebten Bandoneonorchestern geprägt, die in Konzertsälen wie dem 1904 eröffneten Essener

»Das Steigerlied«

Ein Stück Kulturgut in vielen Bergbauregionen ist auch das Steigerlied »Glück auf, der Steiger kommt«. Der Inhalt spiegelt die Hoffnung der Bergarbeiter wider, nach der harten und gefährlichen Arbeit aus dem Bergwerk wieder gesund in der Welt über Tage anzukommen. Heute zählt das Lied zum Standardrepertoire von Bergmannschören und wird vor den Heimspielen einiger Ruhrgebiets-Fußballclubs gespielt. Der folgende Text entspricht der überlieferten Urform des Liedes:

Schlägel und Eisen sind Symbole für den Bergbau, denn sie zählten vor der Industrialisierung zu den wichtigsten Werkzeugen.

Glück auf, Glück auf, der Steiger kommt.
|: Und er hat sein helles Licht bei der Nacht, :|
|: schon angezündt' :|
Schon angezündt'! Das wirft seinen Schein,
|: und damit so fahren wir bei der Nacht, :|
|: ins Bergwerk ein :|
Ins Bergwerk ein, wo die Bergleut' sein,
|: die da graben das Silber und das Gold bei der Nacht, :|
|: aus Felsgestein :|
Aus Felsenstein, hau'n wir das Gold,
|: doch dem schwarzbraunen Mägdelein, bei der Nacht, :|
|: dem sein wir hold :|
Ade, nun ade! Lieb' Schätzelein!
|: Und da drunten in dem tiefen finst'ren Schacht, bei der
    Nacht, :|
|: da denk' ich dein :|
Und kehr ich heim, zum Schätzelein,
|: dann erschallet des Bergmanns Gruß bei der Nacht, :|
|: Glück auf, Glück auf! :|
Eine weitere überlieferte, vor allem im Ruhrgebiet verbreitete Strophe lautet:
Die Bergmann's Leut sein's kreuzbrave Leut,
|: denn sie tragen das Leder vor dem Arsch bei der Nacht :|
|: und saufen Schnaps :|

Saalbau, in einem der zahlreichen Dortmunder Musikcafés oder in Biergärten auftreten. Die Zusammenkünfte dienen der Geselligkeit sowie dem Biergenuss und berufsständische Gruppen organisieren weiterbildende Vorträge. In den Vereinen finden die Menschen Gleichgesinnte und vertraute Nähe in den von Industrie und Arbeit dominierten Städten. Die Arbeitersiedlung wird zum Dorf in der Stadt, man trifft sich in der Eckkneipe mit den Skatbrüdern, singt gemeinsam im Knappenchor oder feiert Schützenfeste.

Obwohl die Arbeit und die Lebenswelt der Menschen mit der rasanten Industrialisierung immer mehr von großindustriellen Anlagen und Maschinen geprägt wurde, behauptete sich auch die Tierwelt in dieser Umgebung. Neben dem Grubenpferd und dem Kanarienvogel, die bei der Arbeit unter Tage eingesetzt wurden, diente die Brieftaube dem Freizeitvergnügen. In den Siedlungen der Bergleute war es außerdem üblich, sich neben dem Obst- und Gemüseanbau im kleinen Garten hinter dem Haus ein Schwein oder eine Ziege zu halten, um sich so mit Milch zu versorgen. Sofern der Platz es zuließ, waren auch die Kaninchen- sowie die Hühnerzucht sehr beliebt und versprach den Familien zumindest an Festtagen einen Braten. Da viele der Arbeiter und ihre Familien aus ländlichen Gebieten stammten, war das erforderliche Know-how für die Viehzucht vorhanden und half so, die kargen Löhne sowie die Lebensqualität zu verbessern. In einer der ersten Schrebergärtenanlagen in Dortmund bekommen 1906 minderbemittelte Familien die Möglichkeit, ihre Versorgungslage zu verbessern, und in sogenannten Volksbadeanstalten wie der 1894/95 errichteten Badeanstalt am Neumarkt in Oberhausen (heute Ebertbad) oder dem 1910 eröffneten Hallenbad in Duisburg-Ruhrort hatten nicht nur die Arbeiter der benachbarten Hüttenwerke die Möglichkeit zur Körperpflege, denn Badewannen waren in Privatwohnungen kaum vorhanden.

Großer Beliebtheit erfreuen sich auch früh der Radsport und Großveranstaltungen in der 1925 erbauten Dortmunder Westfalenhalle. 1926 beginnt hier die Tradition der Sechstagerennen, 1927 erkämpft Max Schmeling den Europameistertitel gegen den Belgier Fernand Delarge, und 1932 sprach hier der KPD-Vorsitzende Ernst Tählmann vor ausverkaufter Halle – allerdings besucht auch Adolf Hitler die Halle im Rahmen seines Wahlkampfes im gleichen Jahr.

Zur »Großen Ruhrländischen Gartenbauausstellung« 1929 (GRUGA) wurde der Grugapark in Essen angelegt

Für die einen sind sie das Symbol des Friedens, für die anderen die »Ratten der Lüfte«. Das Image der gemeinen Tauben ist ambivalent. Ein hohes Ansehen genießt sie jedoch als Brieftaube. Bereits seit der Antike wurde sie zur Nachrichtenübermittlung und häufig zu militärischen Zwecken eingesetzt wie etwa im deutsch-französischen Krieg 1870/71. Nach Kriegsende gründen sich zahlreiche Vereine zur Pflege der Tauben a.D. und Ende des 19. Jh.s wird das Ruhrgebiet zum Zentrum der Brieftaubenhaltung. Die Funktechnik macht den militärischen Taubeneinsatz überflüssig, ihre Zucht wird nun nur noch als Hobby betrieben. In den Arbeitersiedlungen ist neben Kleinvieh- auch die Brieftaubenzucht erlaubt, und viele Zuwanderer aus den landwirtschaftlich geprägten Gebieten der ehemaligen deutschen Ostgebiete erhalten sich so ein Stück Heimat. Aus der Zucht entwickelt sich ein Wettkampfsport, und zu den Rennen werden die Tiere bis zu 800 Kilometer vom Heimatschlag entfernt fliegen gelassen. Den Weg zurück fliegen sie ohne Pause und werden dabei bis zu 100 Stundenkilometer schnell. Warum sie so zielsicher nach Hause finden, ist nicht genau geklärt. Man geht davon aus, dass sie sich am Magnetfeld der Erde sowie am Sonnenstand ausrichten. Ihre Ankunft wird heute elektronisch genau registriert und der »Taubenvater« kann Preisgelder gewinnen. Nicht umsonst heißen sie auch »Rennpferde des kleinen Mannes«, denn ähnlich wie beim Pferdesport kann auf sie gewettet werden, und Zuchttiere erzielen auf Messen hohe Verkaufspreise. Der Taubensport entwickelt sich immer mehr zum Hochleistungssport: Auf Schnelligkeit gezüchtete Tauben werden mit spezieller Diät ernährt, und es gibt ganze Möbelkollektionen für den Ausbau von Taubenschlägen. Dennoch verschwindet dieses traditionelle Brauchtum immer mehr aus dem Bild der Region. Als täglich noch tausende Tonnen von Kohle abgebaut wurden, gehörte zu fast jedem Bergmannshaus ein Taubenschlag, doch heute erlaubt es die Wohnsituation meist nicht mehr, und das Interesse junger Menschen an diesem Sport ist gering.

Das »Taubenvatta«-Denkmal in Castrop-Rauxel

und zur neuen Attraktion für Bürger und Besucher der Stadt. Genau wie der 1933 fertig gestellte Baldeneysee im Essener Süden wurde er mit der Hilfe von Arbeitslosen angelegt und ist bis heute ein beliebtes Ziel von Freizeit- und Erholungssuchenden.

Eine lange Tradition hat im Ruhrgebiet auch der Pferderennsport. So war es der irische Industriepionier und Zechengründer Thomas Mulvany, der in Castrop-Rauxel 1874 eine Naturhindernis-Rennbahn nach englischem Vorbild errichtete, um dort regelmäßige Rennen auszutragen, die sich bald von einem elitären Freizeit- zu einem überregional bekannten Volksvergnügen mit mehreren 10.000 Zuschauern entwickelten. Nach mehreren langen kriegsbedingten Unterbrechungen wurde der Betrieb jedoch 1970 eingestellt; seither dient die unter Denkmalschutz stehende Anlage als Naherholungsgebiet. Heute hat der Galopp- und Trabrennsport im Ruhrgebiet noch auf den Rennbahnen in Dinslaken, Dortmund, Gelsenkirchen und Mülheim eine Heimat.

In der Zeit des Nationalsozialismus wird auch die Freizeitgestaltung der Bürger zum Ziel der ideologischen Vereinnahmungsversuche. Jugendorganisationen wie die »Hitlerjugend«, der »Bund Deutscher Mädel« oder die Organisation »Glaube und Schönheit« werden die zentralen Jugendorganisationen, die die Freizeit der Jugendlichen bis in kleinste organisierten. Schulungsunterricht, Heimatabende, Zeltlager mit Wanderungen und Lagerfeuerromantik sowie vormilitärische Erziehung gehören ebenso zum Programm wie sportliche Ertüchtigung. Die Mädchen werden vor allem auf die Rolle als Ehefrau und Mutter vorbereitet. Für die Erwachsenen und Familien werden im Rahmen des Programms »Kraft durch Freude« auch in den Städten des Ruhrgebiets Ausflugs- und Urlaubsfahrten sowie Veranstaltungen angeboten, die so die Idee der Schaffung einer nationalen Volksgemeinschaft vorantreiben sollen. In den schwierigen Nachkriegsjahren spielt die Freizeitgestaltung zunächst kaum eine Rolle. Erst in der wirtschaftlichen Boomzeit der 1950er-Jahre wächst der Freizeitetat der Menschen und die Verfügbarkeit an Konsumgütern wie dem Auto und dem Fernseher. Einige machen sich auf zu ersten Fernreisen ins Ausland oder konsumieren in den wieder aufgebauten Innenstädten; so begrüßt etwa die Stadt Essen seine Besucher seit 1951 mit dem Schriftzug: »Die Einkaufsstadt«. Die Städte investierten in teilweise spektakulären Neubauten wie das Musiktheater in Gelsenkirchen, Kinopaläste wie Deutschlands größtes Kino, die Essener Lichtburg, wurden wieder eröffnet und boten Raum für gesellschaftliche Ereignisse. In Dortmund wird zur Bundesgartenschau 1959 der Westfalenpark eingeweiht, zu dessen Attraktionen auch das Deutsche Rosarium mit mehr als 3.800 Rosensorten zählt, von denen eine den Namen »Dortmund« trägt. Die 1960er-Jahre sind geprägt durch die steigende individuelle Mobilität der Ruhrgebietsbürger, die sich nun ihren VW-Käfer oder Opel-Kadett leisten, der ab 1962 im neu gegründeten Opelwerk in Bochum produziert wird.

Der Fernsehturm »Florian« im Dortmunder Westfalenpark wurde anlässlich der Bundesgartenschau 1959 gebaut. Der Park dient seither als stadtnaher Erholungsraum.

Die Ölkrise ist noch fern, und so fahren sie auf neu gebauten Straßen und Autobahnen hinaus ins Blaue, in die entstehenden Einkauf- und Vergnügungscenter auf der grünen Wiese oder besuchen einen von fünf Revierparks. In den folgenden Jahrzehnten hat sich das Freizeitverhalten abseits der Vereine zunehmend individualisiert und es entwickelte sich eine Freizeit- und Konsumindustrie, die mit kommerziellen Angeboten auch im Ruhrgebiet die Bedürfnisse der Menschen zu befriedigen sucht. Europas größte Shoppingmall nach amerikanischem Vorbild, das CentrO mit angeschlossenem Freizeitzentrum in Oberhausen, das Bottroper Alpincenter mit der längsten Indoor-Skihalle

Das Alpincenter Bottrop
vor der Kokerei Prosper

und einer Sommer-Rodelanlage oder die Zoom-Erleb-
niswelt, der umgestaltete ehemalige Ruhr-Zoo in
Gelsenkirchen sind nur Beispiele für diesen Trend.

Fußball im Ruhrgebiet

»Das Herz des deutschen Fußballs schlägt im Ruhrgebiet« hat selbst die bayerische Fußballikone Franz Be-
ckenbauer festgestellt. Kaum sonst wo in Deutschland
spielt der Fußball eine größere Rolle als im Ruhrgebiet
und das hat eine lange Tradition, die bis heute eine
große Bedeutung für die Menschen und für die Region
als Ganzes hat. Mit dem VfL Bochum, Borussia Dortmund und dem FC Schalke 04 spielen drei Revierverei-
ne in der ersten Fußballbundesliga, der MSV Duisburg
und Rot-Weiß Oberhausen in der zweiten. Neben ihrer
Identität stiftenden Funktion stellen die Klubs auch einen wichtigen Wirtschafts- und Imagefaktor dar.

Die ersten Fußballvereine entstehen am Ende des
19. Jh.s. Dabei sind es zunächst bürgerliche Kreise der
Oberschicht, aus denen sich die Aktiven in den Gründerjahren rekrutieren. Erst am Beginn des 20. Jh.s entwickelt sich Fußball nach und nach zum Arbeiter- und
Volkssport. Mit sozialen Errungenschaften wie der Einführung des Acht-Stunden-Tages 1918 und freier Wo-
chenenden wird der Sport zum Vergnügen für die
gesamte Bevölkerung. Gekickt wird im Schatten der
Zechen und Fördertürme, auf Brachflächen und in den
Hinterhöfen der Arbeitersiedlungen, mit allem, was

> **»Ich verwarne Ihnen!«**
> Bei einem Ligaspiel zwischen Rot-Weiss Essen und Westfalia
> Herne kam es 1965 zu folgendem legendären Kurzdialog zwi-
> schen dem Essener Fussballidol Willi »Ente« Lippens und einem
> Schiedsrichter, der den Spieler zur Ordnung rief mit dem gram-
> matikalisch nicht ganz einwandfreien Satz: »Ich verwarne Ih-
> nen!« Lippens antwortete darauf mit: »Ich danke Sie!« und wur-
> de daraufhin wegen Widerrede vom Platz gestellt. Heute ist der
> legendäre Satz der Name eines Restaurants, das Lippens in
> Bottrop betreibt.

sich als Ball umfunktionieren lässt. Aus diesem Milieu
entstehen bald die ersten Vereine, die teilweise von
Bergwerksgesellschaften wirtschaftlich unterstützt
werden und einzelne Spieler zeitweise von der Arbeit
freistellen, um ihnen Gelegenheit zum Spielen und Trai-
nieren zu geben. Bis in die 1930er-Jahre explodieren
die Mitgliederzahlen des Deutschen Fußballverbandes.
Dies ist auch die große Zeit des FC Schalke 04, der
zwischen 1929 und 1933 viermal die Westdeutsche
Meisterschaft gewinnt. Auch unter nationalsozialistischer Herrschaft dominieren die Arbeitervereine aus
dem Ruhrgebiet die neu gegründeten Gauligen. Nach
dem Zweiten Weltkrieg wird 1947 der westdeutsche
Fußballverband mit der Oberliga West als höchster
Spielklasse gegründet, und acht von 13 Vereinen kommen aus dem Ruhrgebiet. Neben Schalke 04 und

Sonntägliches Fußball-
spiel bei Bochum – im
Ruhrgebiet ist Fußball
mehr als nur der wich-
tigste Volkssport,
er ist auch ein Stück
Kulturgut.

Borussia Dortmund ist die Stadt Essen zeitweise mit drei sowie Duisburg mit vier Vereinen in der Oberliga vertreten, und echte Zechenmannschaften wie der SV Sodingen aus Herne spielen 1955 in der Endrunde um die deutsche Meisterschaft, die schließlich Rot-Weiss Essen gewinnt. Das sogenannte »Wunder von Bern«, der Gewinn der Fußballweltmeisterschaft 1954, bei dem die Essener Fußballlegende Helmut Rahn (genannt »der Boss«) das entscheidende Tor zum 3:2 erzielt, steigert die Identität stiftende Funktion des Fußballs im Ruhrgebiet.

Zu den 16 Gründungsmitgliedern der Bundesliga zählen 1963 Borussia Dortmund, der Meidericher SV aus Duisburg und der FC Schalke 04.

Die großen Clubs werden zum Aushängeschild und Werbeträger ihrer Städte. Politik und Wirtschaft gewinnen an Einfluss auf die Vereine mit der Folge, dass sie sich vom lokalen Milieu, aus dem sie stammen, immer mehr entfernen. So wird der Ballspielverein Borussia Dortmund (BVB) in den 1990er-Jahren zu einer landesweit bekannten Marke ausgebaut, Einnahmen aus Fernsehen, Werbung und Merchandising werden bedeutender als die Eintrittsgelder, und die Erfolge scheinen den Verantwortlichen recht zu geben (ein Pokalsieg, drei Meisterschaften, ein Champions League- und ein Weltpokalsieg). Im Jahr 2000 geht der Verein als erster an die Aktienbörse, das Westfalenstadion wird mehrfach erweitert, heißt nun Signal Iduna Park und ist das größte reine Fußballstadion Deutschlands.

»Graue Maus« VfL Bochum

Der Verein für Leibesübungen aus Bochum spielt seit 1971 mit fünf Unterbrechungen in der obersten Spielklasse, wobei in jedem Fall der direkte Wiederaufstieg gelang. Da er nur selten einen Platz in der oberen Tabellenhälfte behaupten kann, gilt der VfL als die »graue Maus« der Liga. Vor jedem Heimspiel des VfL stimmen Tausende Fans Herbert Grönemeyers Hymne auf die Stadt an, in der er aufgewachsen ist: »Bochum«

Heute ist Fußballsport
eine Eventveranstaltung
und Stadien heißen
»Arena«, auch die in
Gelsenkirchen.

Durch die radikale Umgestaltung des Vereins erweitert
sich die Kluft zwischen dem BVB und den anderen
Erstligisten der Region schnell. Einzig die Erzrivalen
aus der Nachbarstadt Gelsenkirchen schaffen es ab
Mitte der 1990er-Jahre, den FC Schalke 04 zu einem
erfolgreichen Wirtschaftsunternehmen umzubauen.
Auf einen Meistertitel warten die Schalker zwar seit einem halben Jahrhundert vergeblich, aber sie sind
mehrfacher Vizemeister, 1997 gewinnen sie den UEFA-
Pokal und 2001 sowie 2002 wird Schalke deutscher
Pokalsieger. In Gelsenkirchen entsteht mit der Arena
AufSchalke ein riesiges Multifunktionsstadion, das für
unterschiedlichste Großveranstaltungen genutzt wird.

Den hohen Stellenwert des Fußballs im Ruhrgebiet
beweisen nicht nur die vollen Großstadien, auch in den
unteren Spielklassen wird der Fußball gelebt. Seine
Bedeutung geht weit über das Spiel am Wochenende
hinaus, denn die großen Vereine sind auch wichtige Arbeitgeber und bedeutende Wirtschaftsfaktoren für die
Städte. Der Sport besitzt darüber hinaus eine große
kommunikative Rolle. Der Verein ist für viele Anhänger
ein zentraler Aspekt ihres Lebens. Diese enge Bezie-
hung der Fans zu ihrem Verein hat auch den Wandel
des Publikums von den eher proletarischen Zuschauern der 1960er- und 1970er-Jahre zur heutigen Anhängerschaft, die sich aus allen sozialen Schichten rekru-
tiert, überdauert. Sowohl Schalke 04 als auch Borussia
Dortmund sind in Arbeitervierteln entstanden und hat-

ten von Beginn an eine integrative Funktion für die vielen polnischen und ostpreußischen Immigranten. Heute werden regelmäßig jeweils über 40.000 Dauerkarten pro Saison verkauft, die von der großen Begeisterungsfähigkeit der Anhängerschaft zeugen. So ist es folgerichtig, dass auch das Deutsche Fußballmuseum seinen Platz im Ruhrgebiet findet – im Revierderby um den Standort konnte sich Dortmund gegen Gelsenkirchen durchsetzen.

Schrebergärten

Bereits zu Beginn des 19. Jh.s gibt es in vielen Regionen Deutschlands sogenannte Armengärten, die auf Initiative von wohlwollenden Landesherren, Fabrikbesitzern, Stadtverwaltungen und Wohlfahrtsorganisationen angelegt werden, um den Ernährungsproblemen der sprunghaft anwachsenden Bevölkerung zu begegnen. Durch Gemüse- und Kartoffelanbau können sich die Bedürftigen selbst versorgen. Das Gleiche gilt für die Arbeitergärten des Roten Kreuzes am Beginn des 20. Jh.s.

Die Bezeichnung von Kleingartenanlagen, wie sie auch im Ruhrgebiet häufig zu finden sind, geht auf den Leipziger Arzt Dr. Moritz Schreber zurück. Er hat sich intensiv mit der Gesundheit der Kinder und den sozialen Folgen des Stadtlebens am Beginn der Industrialisierung beschäftigt, verstarb jedoch 1861 und war lediglich Namensgeber. Der Gründer des ersten Schrebervereins in Leipzig ist 1864 sein Mitstreiter, der Schuldirektor Ernst Innozenz Hauschild. Sein Ziel ist die körperliche, sittliche und geistige Erneuerung des Volkes. Kinder von Fabrikarbeitern sollen die Möglichkeit haben, unter Aufsicht von Eltern und Pädagogen gemeinsam zu spielen und zu turnen. Die erzieherischen Vorstellungen orientierten sich an den Schriften von Schreber, der durch die Namensgebung als geistiger Vater geehrt werden soll. Gartenparzellen sind zunächst nur ein »Nebeneffekt«. Aus Kinderbeeten, in denen die jungen Menschen Verantwortung erlernen sollen, werden kleine Refugien für die Erwachsenen, und bald gibt es Geräteschuppen, Lauben, Zäune und eine Vereinssatzung.

Neben städtischen Flächen sind es im Ruhrgebiet vor allem Firmengelände, die großindustrielle Arbeitgeber ihren Mitarbeitern gegen eine geringe Pacht zur Verfügung stellen, auf denen Gärten angelegt werden. Dies geschieht natürlich nicht ohne Eigennutz, denn auf diese Weise gelingt es den Unternehmen zum einen, die Arbeiter langfristig zu binden, und zum anderen ist den Arbeitgebern bereits damals klar, dass eine gesunde Ernährung mit frischen Gartenprodukten und eine erholsame Freizeit an der frischen Luft der Produktivkraft der Arbeiter dient. Schließlich werden sie so auch besser von Alkohol und aufrührerischen Elementen in Wirtshäusern ferngehalten.

Die ersten organisierten Kleingartenanlagen im Ruhrgebiet entstehen mit Beginn des 20. Jh.s. Eine regelrechte Gründungswelle setzt während des Ersten Weltkriegs ein, als die ohnehin vorhandenen Versorgungsnöte noch größer werden. Während der Nazi-Diktatur werden die Kleingärtnerorganisationen gleichgeschaltet, die Vereinsvorstände werden nicht gewählt, sondern berufen, und die Mitglieder müssen »arisch« sein. Während und nach dem Krieg dienen die Klein-

Eine Schrebergartenanlage in Bochum, in der Nähe der Zeche Carolinenglück.

Trinkhallen und Co. – der kleine Luxus der Arbeiterklasse

Sie ist ein Teil des alten Klischeebildes vom Ruhrgebiet. Doch während Zechen, Stahlwerke und Taubenväter immer mehr verschwinden, schlägt sie sich bis heute tapfer im Kampf gegen die Zeichen der Zeit. Trinkhalle, Kiosk oder einfach Bude – so heißen die kleinen Verkaufsstellen, die bis heute im Ruhrgebiet zu finden sind. Die Trinkhalle ist ein Stück Kulturgut und hat eine lange Tradition, deren Ursprünge in der Zeit der Industrialisierung liegen. Auf den Zechen und in den Stahlwerken herrschte ein striktes Alkoholverbot und die wenigen Wirtshäuser waren traditionell eher dem Bürgertum vorbehalten. So entstehen im 19. Jh. vor den Werkstoren kleine Schankstuben, in denen sich Arbeiter nach der Schicht an der Theke treffen, um mit Schnaps und Bier den Staub der Arbeit hinunterzuspülen. Vor allem an Zahltagen löst sich hier so manche Lohntüte in Alkohol auf, doch auch an anderen Tagen fördern die schlechten Lebens- und Arbeitsbedingungen den Wunsch, den engen Wohnungen zu entkommen und bei etwas Geselligkeit den Feierabend im »zweiten Wohnzimmer« zu genießen. Die sogenannten »Schnapskasinos« werden oft von ehemaligen Bergleuten oder Kriegsveteranen betrieben. Es sind geschlossene Gesellschaften, die Schnaps und Bier billig einkaufen und preiswert an die Mitglieder abgeben. Am Ende des 19. Jh.s gibt es über einhundert solcher Schnapskasinos, die Tausende von Mitgliedern haben. Da es sich um genossenschaftliche Organisationen handelt, sind sie nicht an die Polizeistunde gebunden, entgehen so der staatlichen Kontrolle und gelten der Obrigkeit schon deshalb als Brutstätten der Sozialdemokratie. Eine Änderung der preußischen Gewerbeordnung, die zum Ausschank von Alkohol eine Konzession verlangt, ist 1896 das Ende aller Schnapskasinos in der ursprünglichen Form. Dennoch entwickelt sich im Ruhrgebiet eine rege Kneipenkultur, meist in der Nähe der Zechen und Hüttenwerke, und es gibt zahlreiche Berichte von Ehefrauen, die ihre Männer vor allem an Zahltagen aus den Gaststätten holten, um sie davon abzuhalten, den erhalten Lohn gleich wieder in Getränke umzusetzen.

Um den zunehmenden Alkoholismus einzudämmen, unterstützten Arbeitgeber und Stadtväter jedoch die Ausgabe alkoholfreier Getränke in sogenannten »Seltersbuden«, kleinen Pavillons, in denen auch einzelne Zigaretten oder Zigarren verkauft und konsumiert werden durften. Im Laufe der Zeit verbreiteten sich diese Verkaufsstellen, das Sortiment erweiterte sich und aus den Seltersbuden wurden Kioske, in denen neben Getränken auch Zeitungen, Tabakwaren, Kaffee und Bonbons (»Klümpkes«) verkauft wurden, was ihnen im Ruhrgebiet auch den Namen »Klümpkes-bude« einbringt.

Bis heute hält sich die Institution standhaft, weil sie oft auch eine soziale Funktion hat. Sie ist Informationsbörse und Treffpunkt, meist für Männer. Heute darf auch wieder Alkohol verkauft, jedoch nicht verzehrt werden, und im Angebot findet man fast alles, was man nebenbei, nach Ladenschluss oder am Wochenende, brauchen könnte. Trotz der in der Regel höheren Preise als im Supermarkt wissen die Kunden den Service zu schätzen. Die Öffnungszeiten wurden an die von Kneipen und Gaststätten angeglichen. Im Zuge der Lockerung der Gesetze können Trinkhallen heute rund um die Uhr betrieben werden wie ihre Konkurrenz, die 24-Stunden-Tankstelle, die ihr das Überleben immer schwerer macht.

Neben den Trinkhallen hat sich im Ruhrgebiet auch die Imbissbude einen festen Platz in der Alltagskultur gesichert, und bis heute scheiden sich die Geister an der Frage danach, wo die Currywurst erfunden wurde – auch wenn man in Berlin diesen Verdienst für sich reklamiert, werden in Hamburg und im Ruhrgebiet gleichfalls Ansprüche erhoben. Fest steht jedoch, dass die Currywurst, der der Schauspieler und Musiker Herbert Grönemeyer 1982 eine Hymne widmete (der Text stammt von Diether Krebs), mit Pommes frites als Beilage im Ruhrgebiet eine Art »Nationalgericht« ist; letztere ist allerdings wohl auf belgische Einflüsse zurückzuführen. Die Imbisskultur entwickelte sich ab den 1950er-Jahren und bedeutete in Zeiten wachsender Arbeitslosigkeit eine neue Möglichkeit des Gelderwerbs. Das erkannten auch die vielen Zugewanderten und brachten »neue« Speisen wie Pizza, Gyros und Döner ins Ruhrgebiet, die die Angebotspalette bereichern und ein Spiegel der Nationenvielfalt der Region sind.

Die Trinkhalle gehört zum Bild des Ruhrgebiets

gartenlauben teilweise als Notunterkünfte für die große Zahl vom Bombenkrieg Betroffener. Diese Situation entwickelt sich oftmals zu einem Dauerzustand. Anfangs wird er nur geduldet, doch in einigen Fällen erhalten die Betroffenen ein Wohnrecht auf Lebenszeit und bauen ihre Lauben zu Gartenhäusern aus. Mit wachsendem Wohlstand und verändertem Freizeitverhalten verlieren Schrebergärten in den 1970er-Jahren an Attraktivität für die jüngere Generation. Frisches Obst und Gemüse gibt es jetzt preiswert im Supermarkt und die Freizeit verbringt man lieber mit Reisen und Konsum.

Der Schrebergarten hat ein überkommenes Image, doch seit Ende der 1990er-Jahre setzt ein Wandel ein. Neben dem kleingärtnerischen Nutzen sind nun auch Freizeit und Erholung im »Bundeskleingartengesetz« festgeschrieben, und es findet ein Generationswechsel in den Kleingärten statt. Junge Familien, die sich kein Eigenheim mit Garten leisten können, erkennen die Vorteile der Parzelle im Grünen, der Altersdurchschnitt sinkt und die Sozialstruktur wird vielfältiger.

Brauchtum und Feste

Die »Bochumer Maiabendgesellschaft 1388« ist ein Brauchtumsverein, der 1948 gegründet wurde. Er organisiert das alljährliche Maiabendfest der Stadt Bochum, das auf ein geschichtliches Ereignis während der Großen Dortmunder Fehde (1388–1389) zurückgeht. Der Legende nach stiftete Graf Engelbert III. von der Mark dieses Fest aus Dankbarkeit für die Bochumer Bürger. Nachdem die Dortmunder eine Viehherde von den Besitzungen des Regenten in Bochum gestohlen hatten, waren es Bochumer Junggesellen, die das Vieh von den Nachbarn zurückeroberten. Fortan durften die Bochumer am Vorabend des 1. Mai in den gräflichen Waldungen im Ortsteil Harpen eine ausgewachsene Eiche abholzen. Diese wurde daraufhin jeweils einem vermögenden Bürger übergeben, der dafür den Bochumern ein Fest ausrichtete. In symbolischer Anlehnung daran wird alljährlich eine junge Eiche aus den Harpener Waldungen geholt und, begleitet von Veranstaltungen und einem Festumzug, nach Bochum gebracht und eingepflanzt.

Auch Karneval wird im Ruhrgebiet gefeiert. So lässt sich die Duisburger Tradition gar bis ins Mittelalter zurückverfolgen, wo aus der ersten in Deutsch geschriebenen Stadtrechnung aus dem Jahre 1377 hervorgeht, dass die Ratsherren und die Bürgerschaft ausgiebig Fastnacht (»Vastavent«) feierten. Seit 1985 existiert in der Stadt sogar das 1. Niederrheinische Karnevalsmuseum. Karnevalsgesellschaften und Rosenmontagsumzüge findet man aber auch im westfälischen Teil des Ruhrgebiets.

Jedes Jahr am letzten Samstag im April ziehen die Bochumer Maischützen in historischen Kostümen durch die Stadt.

Eine besondere Tradition wird an Rosenmontag in Wattenscheid-Höntrop gepflegt. Beim sogenannten Gänsereiten wird eine zuvor getötete Gans zwischen zwei Bäumen an den Füßen aufgehängt. Reiter versuchen, ihr im Galopp den Kopf abzureißen. Der Sieger ist der »Gänsereiterkönig« für ein Jahr, und die Gans wird anschließend gemeinsam verzehrt. Die Ursprünge der Tradtion sollen in den Zeiten des spanisch-holländischen Krieges 1598/99 liegen, als lagernde spanische Truppen dieses Ritual zum Training für Ritterspiele durchführten. Seit 1806 besteht das Verbot, eine lebende Gans zu verwenden, und regelmäßig kommt es zu empörten Protesten von Tierschützern.

Eine weniger brutale Tradition wird dagegen im Schwerter Stadtteil Westhofen mit dem Sup Peiter gepflegt. Vermutlich leitet sich der Name vom St. Peterstag am 22. Februar ab, an dem der Brauch traditionell ausgeübt wird. Er geht auf die germanischen Gerichtsverhandlungen, die sogenannten »Things« zurück, denn der Sup Peiter war ursprünglich ein kleines »Thing«, mit dem das Ende des Winters begangen wurde. Dabei wurden u.a. kleinere Straftaten verhandelt, wobei der Delinquent seine Strafe durch Wortgewandtheit und Schlagfertigkeit mildern konnte. Am Sup Peiter versammeln sich die verheirateten Männer im Gemeindehaus, gesprochen wird ausschließlich die westfälische Variante des Niederdeutschen (Plattdeutsch), und wer die Sprache nicht beherrscht, bekommt einen Dolmetscher gestellt. Während Sup Peiter ursprünglich auch einen ernsten und erzieherischen Charakter hatte, stehen heute Spaß und Feiern im Vordergrund, wobei viel Bier fließt und das westfälische Traditionsgericht »Pfefferpotthast« serviert wird.

Die Cranger Kirmes, das größte Volksfest des Landes Nordrhein-Westfalen, das jeweils vom ersten Freitag im August für zehn Tage das Leben im Herner Stadtteil Crange prägt, zieht alljährlich rund vier Millionen Besucher an. Es geht auf den Cranger Pferdemarkt zurück, auf dem bis zur Zeit Napoleons die »Emscherbrücher Dickköppe« verkauft wurden und der sich im Laufe der Zeit zu einem Jahrmarkt entwickelte. 2010 wird das Fest zum 575. Mal gefeiert.

Religion und Kirche

In Nordrhein-Westfalen gehören drei Viertel aller Menschen einer Religionsgemeinschaft an. Der Anteil der Katholiken liegt bei 42 %, 28 % sind evangelisch, und zugleich ist es das Bundesland mit den meisten Muslimen (rund 2,8 %). In NRW und weitgehend identisch im Ruhrgebiet gibt es 230 religiöse Gemeinschaften.

Traditionell ist der rheinländische Teil des Ruhrgebiets eher katholisch geprägt, genauso der Norden und die Grenzgebiete zum Sauerland. Im westfälisch geprägten, zentralen und östlichen Teil gehören mehr Christen der evangelischen Kirche an. Der prozentual größten Gruppe der Katholiken gehören im Ruhrbistum Essen rund

Das Stift Essen war ein Frauenstift, das zugleich Reichsfürstentum im Heiligen Römischen Reich war. Es wurde ca. 845 gegründet und war die Keimzelle für die Entwicklung der Stadt Essen. Es waren Vertreter des Adels um den Adligen Altfrid († 874) aus dem sächsischen Geschlecht der Ludolfinger, die das Frauenstift auf dem Gut Astnidhi gründeten, von dem sich der spätere Name von Stift und Stadt ableitet. Hauptaufgabe der Stiftsfrauen war die »memoria«, das heißt, für die Seelen Verstorbener und die Gnade und Unterstützung Gottes für die Lebenden zu beten. Seine Blütezeit erlebte das Essener Damenstift um das Jahr 1000 unter den Äbtissinnen Mathilde (971–1011) und Theophanu (1039–1058). Die Frauengemeinschaft wurde vom ottonischen Kaiserhaus mit Privilegien und Grundbesitz reich beschenkt. Der Eintritt in das Stift war Frauen des höchsten Reichsadels vorbehalten, doch die Stiftsfrauen führten kein abgeschlossenes klösterliches Leben. Wer ins Stift aufgenommen wurde, legte kein Gelübde ab, sondern die Frauen konnten das Stift jederzeit wieder verlassen, um zu ihrer Familie zurückzukehren oder zu heiraten. Das Stift Essen beherrschte große Gebiete zwischen den Flüssen Emscher und Ruhr sowie weitere Besitzungen mit rund 3.000 abgabenpflichtigen Bauernhöfen. Um den Stiftsbezirk herum bildete sich eine Siedlung, die im 13. Jh. Stadtrechte erlangte. In dieser Zeit stiegen die Äbtissinnen zu Reichsfürstinnen auf. Sie waren damit zugleich Landesherrinnen über das Reichsfürstentum Essen und mit einem Sitz im Reichstag vertreten. Das Gebiet des geistlichen Territoriums ging 1803 im Zuge der Säkularisierung an Preußen über, gehörte von 1807 bis 1813 zum napoleonischen Großherzogtum Kleve und Berg, und gelangte danach wieder an Preußen. Der erhaltene Kirchenschatz umfasst einige der bedeutendsten ottonischen Kunstwerke wie auch Kunstschätze späterer Epochen, darunter die »Goldene Madonna«, die älteste vollplastische Marienfigur der Welt, das Schwert Ottos des Großen und die Kinderkrone Ottos III. Aus dem ehemaligen Gotteshaus des Damenstifts wurde der heutige Bischofssitz, das Essener Münster, das auch als Essener Dom bezeichnet wird.

Das Essener Münster, ehemalige Kirche des Damenstifts, vor dem Rathaus der Stadt

36 % der rund 2,6 Millionen Einwohner an. Die flächen-
mäßig kleinste Diözese entstand als Konsequenz des
Bevölkerungszuwachses durch Zuwanderung und feierte 2008 erst ihr 50-jähriges Jubiläum.

Zwar wurden bereits 1821 durch die päpstliche Bulle
von Papst Pius VII. »De salute animarum« (»Zum Heil
der Seelen«) die Diözesangrenzen in Deutschland neu
geordnet, doch erst 100 Jahre später gab es Überlegun-
gen für ein Bistum an der Ruhr, »damit die Kirche den
arbeitenden Menschen in dem ständig wachsenden Ballungsraum näher komme und tiefer verwurzelt werde«,
wie es hieß. Verhandlungen mit der preußischen Regierung scheiterten jedoch. Die Diözesangrenzen verliefen
inzwischen jedoch quer durch die Städte Duisburg,
Oberhausen und Gelsenkirchen, und so wurden 1951
die alten Pläne zur Gründung eines neuen Bistums wieder aufgegriffen. Die Verhandlungen zwischen dem Vati-
kan und dem Land Nordrhein-Westfalen führten am 19.
Dezember 1956 zu einem Vertrag über die Errichtung
des Bistums Essen. Danach trat das Erzbistum Köln
zehn Dekanate mit 100 Gemeinden und 520.000 Katholiken, das Bistum Münster zehn Dekanate mit 82 Gemeinden und 450.000 Katholiken sowie das Erzbistum
Paderborn neun Dekanate mit 91 Gemeinden und
370.000 Katholiken an das Ruhrbistum ab. Bischofska-
thedrale wurde die alte Stiftskirche, das 1.100-jährige
Münster am Hellweg. Die Randgebiete dreier Bistümer
hatten nun eine neue Mitte, doch bis heute gehören die
meisten Ruhrgebietsstädte oder Ortsteile zu den angrenzenden Bistümern Köln, Münster und Paderborn.
1957 wurde das Bistum Essen durch Papst Pius XII. ka-
nonisch errichtet, und zum ersten Bischof wurde der
Paderborner Weihbischof Dr. Franz Hengsbach (1910-
1991) ernannt, der 1958 in sein Amt eingeführt wurde
und sich großer Beliebtheit bei der Bevölkerung erfreu-
te. Als Zeichen seiner Verbundenheit mit den Menschen und der Region trug er seinen Bischofsring mit
einem eingefassten Stück Kohle anstelle eines Edel-

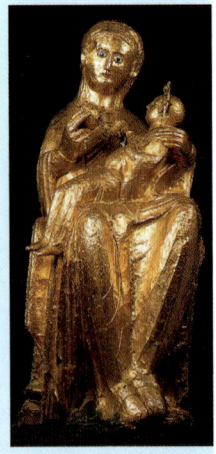

Die »Goldene Madonna«
im Essener Münster, äl-
testes vollplastisches
Marienbildnis des
Abendlandes und kost-
barstes Stück des Esse-
ner Domschatzes. Um
980, Gold, Emaille und
Edelsteine um Holzkern,
70 cm

steins. Ihm folgten Bischof Hubert Luthe (1992–2002)
und Bischof Felix Genn (seit 2003). Auch für die evangelische Kirche ist das Ruhrgebiet keine verwaltungstechnische Einheit, sondern die Zuständigkeiten sind verteilt
auf die evangelischen Landeskirchen Rheinland mit Leitung in Düsseldorf und Westfalen mit Leitung in Bielefeld. Allerdings haben die Leiter der 24 Kirchenkreise
im Gebiet des »Regionalverbands Ruhr« (neun rheinische und 15 westfälische) die Ruhrgebiets-Superin-
tendentenkonferenz als organisatorische Klammer
gebildet, die für eine Vereinheitlichung der politischen
und planerischen Strukturen im Ruhrgebiet eintritt.

Heute ist die Lage der christlichen Kirchen im
Ruhrgebiet schwierig. Eine der Ursachen liegt in der insgesamt schrumpfenden Bevölkerung und einem gleichzeitigen Rückgang des christlichen Bevölkerungsanteils.
Zusammen mit Kirchenaustritten führt dies zu einem
deutlichen Rückgang des Steueraufkommens. Als Kon-
sequenz werden zahlreiche Kirchen geschlossen oder
einer neuen Nutzung zugeführt, denn auch für viele
der verbleibenden Gemeindemitglieder ist die formale
Kirchenzugehörigkeit nicht gleichbedeutend mit aktiver
Teilnahme am kirchlichen Leben. Die großen Welt-
religionen Islam, Hinduismus und Judentum sind im
Ruhrgebiet mit beeindruckenden Bauwerken wie der
DITIB-Merkez-Moschee in Duisburg, dem Sri Kamadchi
Ampal Tempel in Hamm sowie der Alten Synagoge in
Essen oder der Duisburger Synagoge von Zvi Hecker
vertreten.

Ruhrdeutsch – die Übergangssprache

Dialektgeografisch ist das Ruhrgebiet Teil des niederdeutschen Sprachgebiets. Es wird jedoch von einer
wichtigen Sprachlinie durchschnitten, die das Westfälische vom Niederrheinischen trennt. Diese Sprachgrenze verläuft in etwa auf der Trennlinie der beiden
Landschaftsverbände Rheinland und Westfalen-Lippe.
Mit der Industrialisierung im ausgehenden 19. Jh. wur-

den die niederdeutschen Dialekte jedoch zusehends zurückgedrängt. Die Dialekte einer durch Landwirtschaft geprägten Gesellschaft verloren an Bedeutung, und technische Ausdrücke der Industrie entzweiten das einheitliche Sprachgefüge. Vor allem war es aber die Entwicklung der Bevölkerung, die der Sprache des Ruhrgebiets ihren besonderen Charakter verlieh. Für die ersten Zuwanderer aus dem nahen Rheinland und Westfalen stellten die Sprachbarrieren keine ernsthaften Kommunikationsbarrieren dar. Mit dem Zustrom aus den Ostprovinzen des Deutschen Reiches wurde die Integration in die Sprachen komplizierter. Entstanden ist eine Variation des Hochdeutschen mit vielen Einflüssen aus niederrheinischen und westfälischen Mundarten sowie einigen slawischsprachigen Prägungen.

Heute wird in der Rheinzone der Regiolekt Niederrheinisches Deutsch gesprochen und so klingt das Ruhrdeutsche hier anders als in Dortmund, wo westfälische Einflüsse hervortreten. Markant ist zum Beispiel die Bestätigungspartikel des westlichen und mittleren Ruhrgebiets, das »nä?«, was auch typisch für das Rheinland ist, wohingegen im östlichen Ruhrgebiet ab dem Dortmunder Süden und im Grenzland zum Sauerland »woll?« vorherrscht. Zugleich haben zahlreiche andere Sprachen in einzelnen Begriffen und Redewendungen ihre Spuren hinterlassen: »Mottek« (= Hammer) hat polnische Wurzeln, »Massel« (= Glück) stammt aus dem Jiddischen, »aus dem/der Lamäng« (= mit links, aus dem Handgelenk) verweist auf das Französische, »allet paletti« (= alles klar) bezieht sich auf das Italienische, »mit Karacho« (= schwungvoll) auf die spanische Sprache und »Eschek« (Blödmann) verweist auf das türkische Wort für Esel. Ein Teil des Alltags-Wortschatzes stammte aus der Welt des Bergbaus: »Hängen im Schacht« (= Stillstand), Maloche (= schwere Arbeit) oder Kumpel (= vertrauenswürdige Person) haben aber das Ende der Montanindustrie

bislang überlebt. Darüber hinaus gibt es lautliche
Besonderheiten, die für das Ruhrdeutsche typisch
sind: Z.B. wird das »r« häufig ersetzt durch einen
Mischvokal aus »e« und »a«. So wird aus der Kirche die
»Kiiache« oder aus Dortmund »Doatmund«. Lange Vo-
kale des Standardhochdeutschen werden vor allem im
westlichen und südlichen Ruhrgebiet oft verkürzt: »Far-
ratt« (= Fahrrad) oder »Bannoff« (= Bahnhof). Andererseits gibt es zahlreiche Wortzusammenziehungen, bei
denen auf einen Kurzvokal ein stimmhafter Konsonant,
geschrieben als Doppelkonsonant, folgt, wie im Fall
von »habbich« (= habe ich) oder »feddich« (= fertig).
Ebenfalls deutlich abweichend von der hochdeutschen
Aussprache ist die verkürzte Aussprache von Vokalen
mit anschließendem, auslautendem »g«, dass als »ch«
gesprochen wird, wie z.B. bei »Tach« (= Tag) oder
»sach« (= sag). Bei einer Reihe von häufig gebrauchten
Wörtern entfallen beim Ruhrdeutsch auch die Endkon-
sonanten: »au« (= auch), »maa« (= mal), »do« (= doch),
»nich« (= nicht) – beides kombiniert in »auma« oder
»donich«. Dazu gibt es eine Reihe von lustig gemeinten
Sprachspielen (Satz mit »hammsammsamm«? –
»HammSamSammstach Schalke gesehn«?), aber auch
alltägliche Muster wie »annä donnich« (= ach nein,
doch nicht), »kumma« (= guck mal) oder »waddema
eemt« (= warte mal eben). Die Liste der Beispiele für
die Abweichungen vom Hochdeutschen ist lang und es
gibt dazu ganze Lexika, doch Ruhrdeutsch ist in erster
Linie eine gesprochene Sprache, die eher im privaten
Umfeld angewendet wird. Im öffentlichen Rahmen und
Situationen mit offiziellem Charakter bedient man
sich in der Regel der Standardsprache Hochdeutsch,
denn vielen gilt Ruhrdeutsch bis heute als minderwerti-
ge Sprache. Die ursprünglichen westfälischen und nie-
derfränkischen Mundarten des Ruhrgebiets sind heute
jedoch nahezu vollständig durch das Hochdeutsche
abgelöst worden. Sie werden jedoch noch in einigen
Heimat- und Geschichtsvereinen gepflegt.

U. Borsdorf, H.T. Grütter, D. Nellen (Hg.): Zukunft war immer. Zur Geschichte der Metropole Ruhr, Essen 2007

Delia Bösch: Ruhrgebiet – Entdeckungsreise Industriekultur, Essen 2007

Delia Bösch: Zollverein entdecken – Unterwegs auf dem Weltkulturerbe, Essen 2006

Chronik Ruhrgebiet (ohne Hg.): Gütersloh / München 1987

Kerstin Dopatka: Tief im Westen – Reise-Lesebuch Ruhrgebiet, Essen 2006

Roland Günther: Im Tal der Könige – Ein Reisebuch zu Emscher, Rhein und Ruhr, Essen 1994

Rainer Kiedrowski, Jürgen Wiese: Ruhrgebiet, Hamm 1992

Kommunalverband Ruhrgebiet (Hg.):
- Ruhrstadt – Die andere Metropole, Essen 2000
- Ruhrstadt – Kultur Kontrovers, Essen 2003

Kommunalverband Ruhrgebiet, Verlag Kommunikation und Wirtschaft (Hg.): Metropolregion Ruhr – Perspektiven für das 21. Jahrhundert ((Reihe: Monographien Deutscher Wirtschaftsgebiete)), Oldenburg 2003

Hans G. Kraume, Hans-Ulrich Kreß: Duisburg – Fotografien von gestern und heute, Gudensberg-Gleichen 2002

Landschaftsverband Westfalen-Lippe (Hg.): Städte und Gemeinden in Westfalen - Die Emscher-Lippe-Region, Münster 2002

Horst Lang: Als der Pott noch kochte – Photographien aus dem Ruhrgebiet, München 2000

Achim Nöllenheidt: Ruhrkompakt 2007 – Handbuch Ruhrgebiet, Essen 2006

Thomas Parent: Das Ruhrgebiet – Vom »goldenen« Mittelalter zur Industriekultur, Ostfildern 2005

Ralf Peters: 100 Jahre Wasserwirtschaft im Revier – Die Emschergenossenschaft 1899-1999, Bottrop 1999

Regionalverband Ruhr (Hg.): Das Ruhrgebiet – Zahlen, Daten, Fakten, Essen 2005

Ruhrgebiet Tourismus GmbH (Hg.):
- Abenteuer Ruhr – Unterwegs in der Kulturhauptstadt Europas 2010, Essen 2006
- Reisekatalog Metropole Ruhr 2008, Essen 2008

Ruhrlandmuseum Essen (Hg.): Die Erfindung des Ruhrgebiets – Arbeit und Alltag um 1900, Bottrop 2000

Sigrid Schneider, Ruhrlandmuseum (Hg.): Schwarzweiss und Farbe – Das Ruhrgebiet in der Fotografie, Bottrop / Essen 2000

U. Steinmetz, T. Schilp, G. Luntowski: Dortmund: ehemals – gestern – heute, Stuttgart / Hamburg 1994

Internetlinks zum Thema:

www.geschichte.nrw.de
www.geschichtskultur-ruhr.de
www.essen-fuer-das-ruhrgebiet.ruhr2010.de
www.dasruhrtal.de
www.route-industriekultur.de
www.nrw2000.de

www.zeitreise-ruhr.de
www.ruhrzeiten.de
www.roemerroute.de
www.steinkohle-portal.de/
www.lvr.de/
www.lwl.org
www.rvr-online.de

www.ruhrgebiet-regionalkunde.de
www.business.metropoleruhr.de
www.ruhrtalradweg.de
www.ruhrbarone.de
www.ruhrmuseum.de

akg-images 30, 31, 35, 57, 77, 78, 155
akg-images/Bildarchiv Monheim 36
© cartomedia, Karlsruhe 8/9
Chemiepark Marl, www.chemsite.de 12
ciné-tamaris, Paris 154 (Foto)
© Deutsches Bergbau-Museum, Bochum 46
© Reinhard Felden, Bochum 108
Dirk Fleiter 10, 11, 14, 15, 20, 21, 23, 32, 37 (o.+ u.), 42, 43, 45, 51, 52, 55, 61, 63 (o.), 67, 71, 96, 97, 106, 107, 110, 115, 116, 118, 120, 122, 124, 125, 126, 127, 129, 130, 131, 132, 133 (u.), 136, 137, 140, 141, 143, 146, 148, 163, 165, 167, 168, 171, 173, 175, 177
Fotoarchiv Stiftung Ruhr Museum / Franz Fischer 50
Fotoarchiv Stiftung Ruhr Museum / Rudolf Holtappel 100
Fotoarchiv Stiftung Ruhr Museum / Unbekannt 49
Fotoarchiv Stiftung Ruhr Museum / Manfred Vollmer 169
© Cecilia Gläsker 150
Grafikwerk Eulen 10
© Claus Langer, Düsseldorf, www.clauslanger.de 152
© Die Photographische Sammlung/SK Stiftung Kultur – August Sander Archiv, Köln; VG Bild-Kunst, Bonn, 2009 155
picture-alliance / akg-images 22, 82, 84,
picture-alliance/ dpa 28, 69, 87, 102, 151, 157
picture-alliance/ SCHROEWIG/R.R. 161
picture-alliance/ ZB 104
© Karsten-Thilo Raab 145
Regionalverband Ruhr, Essen 92
© Stadt Dortmund 133 (o.)
Stadtbildstelle Essen 47, 80, 179

Die Rechte für alle nicht aufgeführten Abbildungen liegen beim Verlag oder konnten nicht ausfindig gemacht werden.